# 乒乓球

莫映红 编著

吉林文史出版社

**图书在版编目（CIP）数据**

乒乓球 / 莫映红编著. -- 长春：吉林文史出版社, 2013.9（2023.6重印）

ISBN 978-7-5472-1711-5

Ⅰ. ①乒… Ⅱ. ①莫… Ⅲ. ①乒乓球运动 – 基本知识 Ⅳ. ①G846

中国版本图书馆CIP数据核字(2013)第225534号

# 乒乓球

PINGPANGQIU

出 版 人　张　强
主　　编　南来寒
编　　著　莫映红
责任编辑　王　新
封面设计　袁　野
出版发行　吉林文史出版社
地　　址　长春市福祉大路5788号
网　　址　www.jlws.com.cn
开　　本　720mm × 1000mm　1/16
印　　张　12
字　　数　100千
印　　刷　天津市天玺印务有限公司
版　　次　2014年1月第1版　2023年6月第5次印刷
书　　号　ISBN 978-7-5472-1711-5
定　　价　59.80元

# 编委会

## 内容简介

作为国球，乒乓球越来越受到普通民众的喜爱。乒乓球的发展历史比较长，在我国民间也有着较为广泛的爱好者群体，近年来，一些外国民众也逐渐开始接触这项运动。乒乓球不仅可以锻炼人的体力，还可以加强人的思维敏捷性。它要求运动员反应迅速，这样才能在关键时刻做出更好的反应，以精湛的技巧战胜对手。

本书翔实地叙述了乒乓球运动的发展历史，在乒乓球练习中的经验技巧，乒乓球的练习方法、比赛规则，并为广大乒乓球爱好者制定了训练课程，以图文并茂的形式，把这项“小球”运动的精髓呈现在你面前。

## 乒乓球大盘点

- 你知道乒乓球运动来源于哪里吗？
- 乒乓球在我国的外交史上有什么样的分量呢？
- 如何才能练习好乒乓球？
- 乒乓球的比赛规则是如何演变的？具体有哪些规定？
- 如何在乒乓球比赛中成为制敌高手？

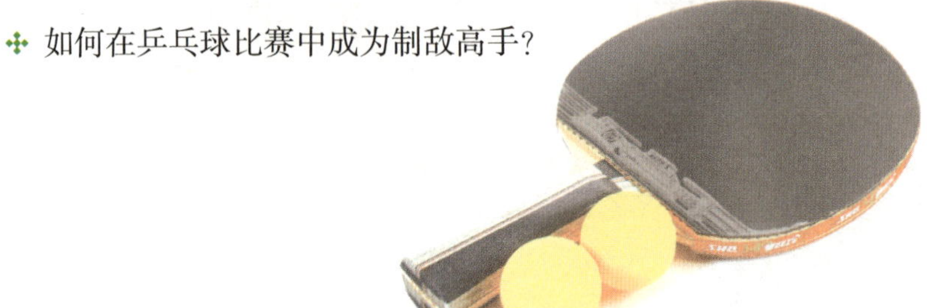

# 目 录

# 第一章

# 乒乓球的发展史

## 小球运动起源

### ❖ 桌上网球的由来

乒乓球运动目前在中国发展势头非常良好，但却很少有人完全了解乒乓球运动的起源，其实这项运动最早发源于19世纪末的英国。

我们可以看到乒乓球的击打形式与网球很相似，其实它确实是由网球演变而来的。这其中还有一段有趣的故事。当时是伦敦的夏天，天气非常炎热，人们在一家饭店里吃饭，可是由于天气太热，吃得直流汗，于是有两个青年开始拿起烟盒当扇子用，这个时候，一个青年又捡起地上的一个酒瓶盖子当球，用烟盒拍，后来两个人用这种方法实现了网球场上的同样玩法，开始在桌面上对打。这项运动由于占地面积小，方便易操作，受到了很多人的喜爱。

还有另外一种更流行的说法，19世纪90年代，有几个在印度服役的英国士兵，突然觉得在一个台子上玩网球非常有趣，观众们也非常喜爱。他们后来用一种空心的小球代替了实心球，而网球拍显然不太适合这么小的台面，于是他们找到了一些小的木板来进行击打。这种新型的网球形式，就是后来所说的“桌上网球”。

后来这项运动传入中国，“桌上网球”有了它在汉语中的译法，因为它会发出“乒乓”的声音，所以中国人称之为“乒

乓球”。

### ❖ 乒乓球工具的改善

乒乓球运动最重要的就是关于球拍的运用。最开始的时候，人们使用的是一种完全木质的乒乓球拍，它的形状类似于梨形。之后人们做了很多次的尝试，可是仍然不能感到完全满意。这样的球拍只能完成直接的推挡类动作，而不能做出更多的旋转。这样就使得这项运动的技术、技巧比较单一。

后来英国人发明了胶皮球拍，这是 项伟大的进步。这样的球拍通过增大与球的摩擦力，从而能够让球快速旋转，完全改变球在来时的运行状态，从而增多了许多击打技巧。而这种胶皮球拍的出现也是出于偶然。英国的古德先生很喜欢乒乓球

运动，可是那个时候的木质球拍让他无法取得很好的成绩。后来一次偶然的机会，他去药店买药，这个时候，他看到了一些胶皮，联想到可以将胶皮覆盖在木质球拍上，没想到还非常实用，第二天他就用了这种方法打败了对手。这件事让更多的人认识到乒乓球拍原来还可以这样。后来，英国人库特根据这种原理，设计出了带有颗粒的胶皮拍，大大增加了摩擦力与弹性，可以打出旋转球，使得乒乓球的技战术丰富了起来。

在乒乓球拍不断改变的同时，乒乓球本身也有了较大的变化。最开始使用的是一种实心球，后来，一种玩具球代替了这种实心胶质球，使这项运动变得更加轻松。这种玩具球质轻、

弹性好，能够让选手的技术得到更好的发挥，受到了世界各国选手的大力欢迎。

### ❖ 乒乓球比赛的演化

乒乓球运动最开始是在民间兴起，所举办的一些比赛也是小规模的。19 世纪末，在伦敦举办了一场乒乓球比赛，当时有三百余人参加了比赛。

20 世纪初，乒乓球引入中国。

后来的二十年间，英国举办了各种小型比赛，技术也有了一定的进步。为了促进世界乒乓球运动的发展与交流，1926 年，德国举行了国际乒乓球比赛，后来被确认为是第一届锦标赛。这项赛事每年举办一届，后改为每两年举办一届。

乒乓球比赛第一次出现在奥运会上是在 1988 年的汉城。从这一年开始，每四年一次的奥运会、每两年一次的锦标赛成

为乒乓球运动的大型赛事。另外，还有一些洲际、国际的比赛出现在每年的赛季中。很多国家在国内还设有乒乓球联赛。

随着乒乓球运动的不断普及，许多公司及社会组织也在一些比赛活动中加入了乒乓球赛事。因其操作比较方便，几乎所有的人都可以参与。这项运动在普通民众、学生中受到广泛热爱。

现代的乒乓球运动已经在国际间较为普遍，比赛也越来越受到更多人的重视。

## 无与伦比的大国运动

### ❖ 中国最早的乒乓球运动

我国是世界上发展乒乓球运动最广泛的国家之一。中国最早的乒乓球运动发源于20世纪初。大约在1904年，上海有一家文具店的老板叫王道平，他在一次去日本旅行的过程中带回了几套乒乓球器材。他最初的目的是通过这些演示向普通民众推销

自己带来的产品，将这些器具销售给民众，来获得经济效益。可是普通民众当时都没有见到过这种东西，买了更不知道该如何使用。

为了销售，王老板不断向人们讲解在日本看到的打乒乓球的事情，向人们展示应该如何使用乒乓球拍，如何进行发球，两个人如何进行对打。这是乒乓球最早在中国的传播。

十年之后，在上海的一家基督教会中，设立了专门的乒乓球室，这里一共有九张台桌，可以供学生在其中进行练习。后来这项运动在人们中间开始传播，北京、天津、上海等多个大城市开始引进这项运动。乒乓球由于原理简单，充满乐趣，所以受到了广泛关注与喜爱。

## ❖ 乒乓球运动在我国的发展

乒乓球运动慢慢开始有了国际间的比赛，通过比赛，乒乓球运动在我国也发展开来。1925 年春天，中国队与在中国的

日本侨队举行了一场乒乓球比赛。两年之后，中国队赴日本进行了又一次比赛。从此，乒乓球成为比赛项目。1927 年，在上海进行的第八届远东运动会上，中国队进行了乒乓球表演赛。三年之后，乒乓球成为正式项目，这一次中国队参加了比赛。五年之后在，上海成立了中华全国乒乓球协进会，大大促进了乒乓球运动的发展。当时虽然爱好乒乓球的人数比较多，但大多集中在有限的几个城市。从水平来看，这些城市的选手水平与国际上的先进水平还是有着比较大的差距。当时已经有了国际乒联，只不过因为经费问题，中国没有参加当年的锦标赛。

乒乓球运动在我国的正式发展是在 1949 年以后。中国在 1953 年加入了国际乒联，而且在北京，每年都会举行一次乒乓球比赛，吸引了众多的参赛选手及观众。

## ❖ 我国在乒乓球运动上取得的成绩

1953年，中国第一次参加了世界乒乓球锦标赛。在当年的比赛中，男队最终的名次是第十名，女队的成绩更差一些。这些成绩在现在看来可能是太差了，可是从当时落后的中国现状来看，取得这样的成绩已经算是相当不容易了。

直到1959年，容国团在第二十五届世界乒乓球锦标赛中获得了冠军，这次的冠军是中国队取得的第一个世界冠军，为中国乒乓球运动的发展奠定了坚实的基础。

两年之后的世界乒乓球锦标赛在北京举行。在这一次的比赛中，中国队获得了三块金牌，一举奠定了王者地位。

1971年，当时中国与美国处于未建交状态，毛主席做出决策，请美国乒乓球队来华访问，这一次的访问打开了中美外交关系的大门。“乒乓外交”取得的成绩远比单项世界冠军更有

意义，对于当时的世界格局也有着极大的推动作用。

四十多年过去了，中国在乒乓球比赛中取得了无数好成绩，这些冠军可以让任何一个国家汗颜。一些国外的乒乓球运动员表示要想打败中国队实在太难了。而中国的乒乓球环境也为世界输送了非常多的精英人才。

### ❖ 乒乓球未来发展趋势

随着时间的推移，中国的乒乓球技术也正在不断前进。中国选手将继续在国际上扮演着王者的地位，想要撼动中国队的

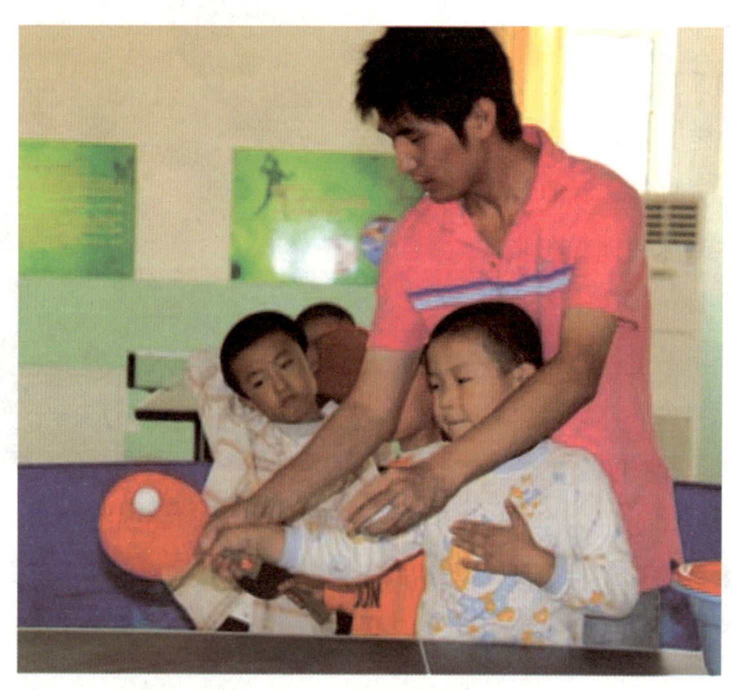

优势几乎不太现实。那么乒乓球的未来发展趋势如何呢?

为了避免中国队一家独大的局面，国际乒联已经对比赛进行过改革，相信这种改革还会继续，未来的困难显而易见。中国队在国际比赛中的对手不是一个国家，而是整个世界，这些国家期望联手打败中国。如果中国队要想继续保持这种优势，势必需要做出更大的努力。

在未来的乒乓球运动中，选手会更年轻化，技术更加细腻，水平更高。在民间的推广范围将会更加广泛。我国目前的体育设施相对较少，乒乓球运动是一项极易推广的运动，势必会受到更多的关注，也会更加受到人们的欢迎。

未来的发展趋势，对于球拍有可能会提出更高的要求，比如胶质材料的形成与使用，这些方面在过去的几十年时间里已经发生了诸多变化，所以在未来的时间里，也是极有可能会发生变化的。

# 第二章

# 练习乒乓球时应注意的问题

## 乒乓球的适合人群

### ❖ 年轻人的最爱

乒乓球是一项大众运动，适合于各种人群。

最广泛的要数学生群体。一般的学校在小学阶段就开设了体育课，让学生感受到乒乓球的乐趣，只不过由丁身高因素，可能对于技术的提升有着障碍。在初中到高中阶段，是学生集中学习体育的高峰期。每到体育课时，大多数学生都会选择乒乓球这项运动。首先它不会让学生太累，现在的学生都喜欢“轻量型”的运动方式，如打打羽毛球、乒乓球等。通过体育老师合理的指导，学生能快速地加入乒乓球的练习中去。乒乓球对于增强学生体质有极大的推动作用，同时也可以锻炼学生的思

维反应能力。乒乓球的运行轨迹难以捉摸，需要在最短的时间内做出最合理的反应才能接住球并反击。

在大学的体育课程中，有专门的乒乓球课程，该课程能系统地分析乒乓球运动需要的热身训练、技战术方法、单打与双打的规则与技巧等。而大多数大学生也都对乒乓球有着深厚的兴趣。无论是室外还是室内的乒乓球台，每到周末课余都会有着数不清的人在运动。

乒乓球不但适合年轻人，对于老年人来说也是个不错的运动方式。只不过有的老年人反应能力稍有下降，接球的动作做得不是很好。乒乓球的练习可以让老年人锻炼到全身多处肌肉，让四肢更加协调，血液循环加快，促进新陈代谢。

## ❖ 乒乓球运动五大益处让其颇受欢迎

乒乓球运动看起来很简单，但如果想打好却需要费一番工夫。其实大多数人打乒乓球为的不是能够拿到世界冠军，而是通过这项运动达到健身的目的。那么具体来讲，乒乓球运动究竟有哪些益处呢？

首先，乒乓球运动对于保持心情是十分重要的。它是一项能让人保持好心情的运动。如果你有什么不开心的事，约上朋友打上几局乒乓球，也许心情就好多了。乒乓球运动非常能够调动一个人的积极性，如果消极对待，打乒乓球是没有意义的。如果想打乒乓球，就必须让自己更加积极地跑动，动作积极了，

心情自然就积极了。约上好友切磋一下，想必会是一件不错的幸事，更难得的是，这项运动的双方距离非常近，这样就能很好地沟通，促进了人与人之间的关系，让感情更进一步。

乒乓球运动的第二个好处就是对选手的眼睛有着很好的保护作用，这一点尤其对于学生而言。学生每天都要对着书本或者电脑，这些近距离的对视会造成视力快速下降，长期下去，离近视眼就不远了。而乒乓球运动则是通过用眼睛观察乒乓球，做出反应的一项运动。在乒乓球运动中，球来的方向不同，选手为了准确定位，将会让眼球快速移动，这样的话就能很好地保持眼部肌肉运动，让眼球保持在湿润状态。通过乒乓球运动做到眼睛保护远比枯燥乏味的眼部保健操来得更快乐。运动不但锻炼了身体，也更保护了眼睛，可谓是一举多得。

乒乓球运动对于运动员的脑部也会起到十分重要的保健作用。在乒乓球运动中，球的运行速度是十分快的，这个时候如果脑部反应不够灵敏的话，很容易错过了反应良机。乒乓球运动要求运动员能在短时间内对乒乓球的来路、去路、高低位

置进行准确判断，同时对四肢发出反应信息，以协调动作。这一点对于老年人来说是十分重要的。老年人的特点就是脑部的反应不够灵敏，通过乒乓球的练习，也许会让老年人越活越年轻。只有脑部锻炼好了，才能让记忆等各项脑部功能得到最大体现。对于老年痴呆等也会起到很好的避免作用。

乒乓球的练习对于运动员的体能消耗是很大的，这一点，也许有的人不是很理解，当你真正参与到乒乓球运动中，以全部的精神对待它时，就会发现乒乓球运动也是十分累人的。它需要运动员保持高度的精力集中，协调身体的四肢不停地做出移动，让身体随着乒乓球轨迹不断移动，短时间内的快速来回移动对于体能的消耗是相当大的。这样的话，就会让运动员不

断吸收能量，因而促进身体的营养消化吸收。

乒乓球运动的第五个益处就是对于四肢的协调起到很好的锻炼作用。乒乓球需要四肢不断移动，这样就会让各个关节在短时间内不断润滑，从而让活动更加灵敏。最重要的是乒乓球运动对于腰背部的肌肉有一个很好的锻炼作用。通过运动让整个身体机能被完全调动起来，精神也充满活力。所以说乒乓球打得好的人，对于其他的运动项目也是信手拈来的。乒乓球运动会让整个人的机能随时协调，在其他运动中也能完全胜任。

## ❖ 哪些人不适合乒乓球运动

虽然乒乓球运动非常让人喜欢，但毕竟这项运动也有其负面影响，那么主要有哪些人不适合进行乒乓球运动呢？

普通的年轻人的身体机能都还是良好的，通过运动让自己

的身体能够更好，而对于老年人来说，则需要注意一下，虽然目前对于六七十岁的老人，乒乓球都练习得不错，可是一些自身有疾病的老人，还是需要多加注意一些为好。

首先对于血糖比较高的人来说，乒乓球运动只适合于点到为止，如果打到剧烈的程度就最好不要了，因为剧烈的运动非常容易让高血糖患者在短时间内出现意外的情况。

再就是有一些运动类急性发作疾病的患者，也是不适合进行乒乓球运动的。避免通过乒乓球运动诱发一些疾病，这种病情主要包含急性感染、酸中毒等。

最后一些患有慢性并发症的老年人也是不适合这项运动的。如心肾功能衰竭等情况。重度高血压患者当然也是不适合这项运动的。

这些身体存在异常的中老年人，不但不适合乒乓球运动，在其他运动中也需要非常注意，最好是做一些非常轻量型的运动，或是做一些脑力文艺活动，如唱歌、弹琴等。

## 乒乓球运动前的准备

### ❖ 心态

如何才能保持一份好心态呢？其实乒乓球运动的竞技成分并不多，关键就是看自己以什么样的心态去对待它。专业运动员肯定是为了冠军才去拼搏，每一场比赛都充满着无尽的压力，顶住压力，才会把对手一个个都打败。

作为普通的爱好者来说，冠军不是我们想要的，甚至都不一定要打败对手才算成功。我们只是需要通过乒乓球运动来达到健身的目的。尤其对于老年人来说，通过打乒乓球可以对全身多个肌肉进行协调，促进更多的循环，增强与友人之间的关系。

如果心态调整不好，就体会不到它的意义所在了。

对于专业选手来讲，每一场比赛都有可能关系到冠军的归属，所以在心态上需要对比赛有一个相对平常的认识。赢下一场比赛并不代表赢下一个时代，输掉一场比赛也不代表着输掉整个未来，所以不一定要承受太多的压力，压力太大反而会影响自己的正常发挥。

## ❖ 热身

乒乓球虽然是一项轻量型运动项目，可是在运动过程中还是会对全身的肌肉进行调动，这就需要在运动前进行适当的热身。那么如何才能热身呢？什么样的热身方式才是最正确的呢？

### 场下热身活动

下面介绍一些简单的热身方法，这些方法不仅适合于乒乓球，也适合其他的体育活动。这些通用的热身可以让运动员的身体机能提前进入一个比较活跃的状态。

**第一步：活动手腕关节**

因为乒乓球是一个对手腕要求很高的活动，而手腕是否灵活需要提前准备。先可以做一些空手活动，不断甩自己的手腕。两个手腕同时活动的好方法是让双手十指相扣，力度不需要太大，做波浪式传递，不断从左至右，这样是最好的活动手腕的方法。

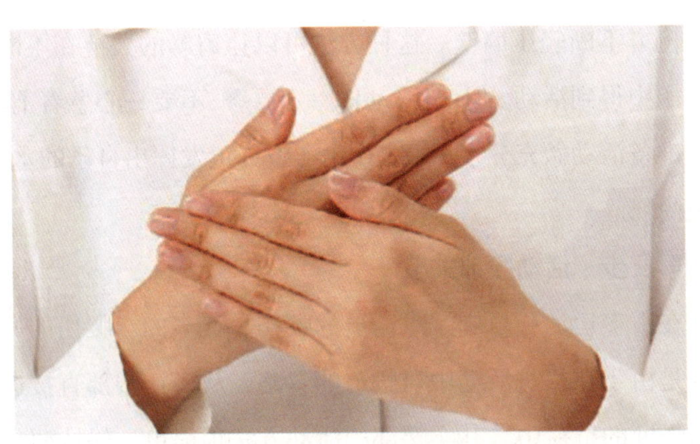

如果空手不能完全满足，在空手完成之后，需要做一些握拍的活动，握住球拍时不断做出一些向上打的动作，不断反复交替双手，动作记住一定要轻松，幅度尽可能小一些，避免在热身阶段就发生受伤的情况。

**第二步：活动肩关节**

乒乓球运动需要不断运用到肩膀部位的关节与肌肉，通过关节的调动，才能完成挥拍动作。没有热身的关节直接进入强度比较大的运动时，很容易出现肩部的伤痛。热身的步骤是把挥拍手放在身体的后方，尽量伸展，肘部向上，让自己的

身体侧方不断轻压墙壁。这种方法可以让肩膀的关节在不断强制轻压中得到活动。但记住，动作一定要缓，不要一心急着上场，只有准备活动做充分了，才能在比赛中真正发挥出自己的水平，避免受伤。

**第三步：活动腰部关节**

在很多运动项目中，运动员的腰伤是最多的。腰伤的原因主要是由于在热身活动中对腰部的忽略，从而让腰部直接进入较高强度的负荷中。其实腰部的活动方法很简单，保持两只脚分开，分开的宽度与肩膀的宽度差不多，两只手托住后腰，不断做前俯的动作和向后仰的动作，再就是以这两个姿势为主的四周转法。腰部活动的幅度没有必要做得很大，只要活动开了就可以。另外，还可以采用扭腰的方法，缓慢地把整个动作完成，大约5分钟就可以了。

**第四步：活动脚部关节**

踢足球的朋友都知道，脚部关节的活动是十分重要的，它的练习方法也是很简单的，只要把握住要点就可以了。首先要抬起脚跟，让脚尖着地，以脚尖为圆心，脚后跟不断画圆。先练习完一只脚，再练习另一只脚。活动的节奏也可以按自己的情况定，如左三圈，右三圈，然后换另外一只脚，不断交替反复，两只脚轮换次数约十次就可以了。动作幅度也不用太大。

**第五步：活动双腿肌肉**

对于腿部的肌肉而言，如果没有活动好的话，非常容易在突然发力的时候造成肌肉拉伤。这就需要把腿部的肌

肉完全拉开。大腿的肌肉可以通过跑步的形式进行练习。在跑步过程中，大腿的肌肉与小腿的肌肉都可以活动开。跑的距离以 400 米为宜，对不经常锻炼的朋友来说，800 米也是个不错的选择，毕竟能够更好地锻炼肌肉了。这个时候如果不想跑，可以进行短跑。以 10 米为距离，进行十组折返跑，这样不但会拉开肌肉，也会对腿部的关节进行疏通。

**第六步：活动髋部关节**

活动髋部的关节重点就是通过压腿的方法来实现的。这个时候需要尽量把身体的重心压低，只有这样才能把髋部尽可能地打开。压腿有两种方法，首先是前压腿，保持前腿弓，后腿伸直，不断向下压，以五次为一组，之后反身压另外一只腿。另外一种方法就是侧压腿，左腿屈，右腿伸直，重心向左下方压，右脚跟着地。也是进行五次后换另外一个方向，这样的方法完全可以把髋部的关节活动开。

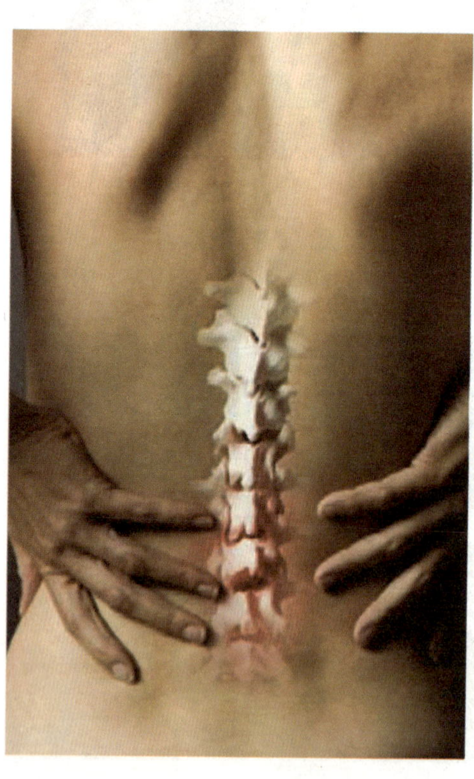

### 场上热身活动

我们经常能看到一些比赛开始前，运动员都会相互在台面上进行有节奏、方式单一的接发球，这种与对手互动的方式也实现了自己对于比赛环境的熟悉。场上活动重点就是乒乓球运动与其他运动方式不同的热身，要把臂部的肌肉活动开，同时也可以更好地找到接球的感觉，适应台面与地面的摩擦度。

高球的练习主要是展开大臂，这样可以让大部分肌肉得以活动，再就是拉球，这样可以让脚下更有节奏，避免在比赛中对这一击球方式感到陌生。接下来就是做一段时间的平挡练习，目的是对于反应速度的练习，每个人都不能从一个完全轻松的状态马上进入高强度的状态，所以这个练习就是对过程的熟悉。如果是双打配合，更需要两个人多加练习，培养在比赛当中的默契感，只有两个人默契程度达到了，才能击败对手。

另外，除了简单的接发球外，对于高球的练习也十分重要。还有对场地地面、光线的熟悉，利用一切可能利用的因素，打击对手的弱点。

### 其他小提示

除了一些对身体的活动以外，还需要提前准备一些必备之物。如果参加

比赛的话，最好是提前准备好一些食物和水，因为乒乓球比赛也是十分消耗体力的运动。如果感觉自己的能量不够，可以随时进行补充。

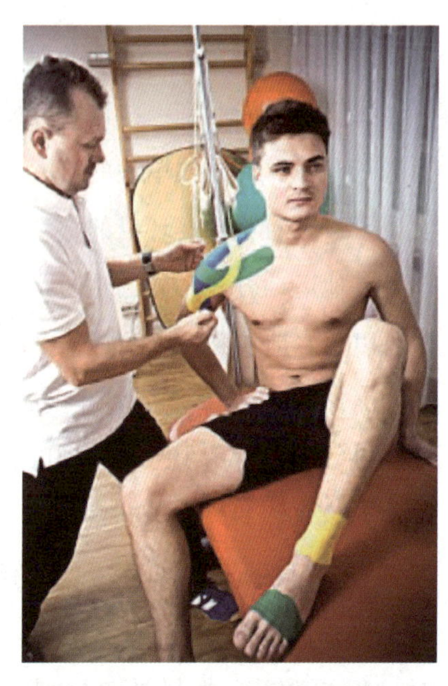

如果不是比赛的话，那么要准备一些救急的药物等，正规比赛都会有医生跟随，如果只有自己与朋友一起打球，就需要考虑这一点了，避免真正受伤后一点办法都没有。

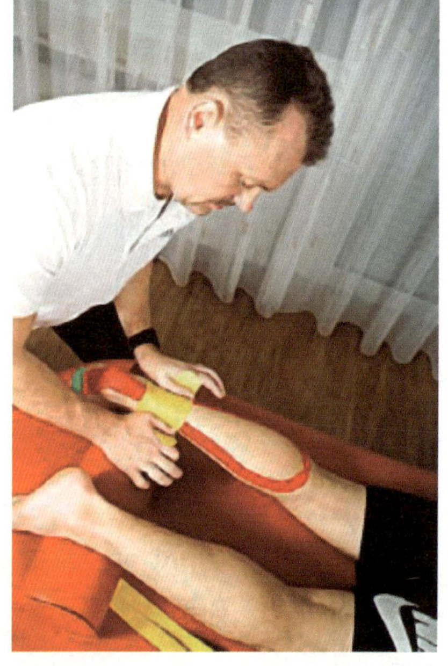

打乒乓球是非常容易出汗的，所以在不同的气温条件下需要准备不同的运动服。冬天避免衣服穿得太少，出汗后很有可能会造成感冒。夏天如果在室内，空调也尽量不要开得太低，身体温度的急剧变化很容易造成感冒的出现。

## 如何避免运动中受伤

乒乓球运动虽然说是一项比较简单的运动，活动的幅度远不如足球、篮球等剧烈，可是在实际的运动中，仍然存在多种受伤可能。如果对这些知识没有了解，随时有可能在乒乓球的运动中受伤。我们首先要了解可能遇到的受伤形式，从而针对这些形式做好准备工作，如果一旦在运动中发生意外，需要采取哪些手段才能快速恢复。

### ❖ 乒乓球运动常见受伤形式

#### 腕部受伤

我们都知道乒乓球重点运用的部位就是腕部，腕关节在乒乓球运动中最直接也最频繁使用。从医学上讲，腕部关节主要是由八块不同形状的小骨构成，也正是由于这种特点，所以我们的手腕才会做出非常多的灵活动作，比如，反手腕、掌推、提等动作。这种灵活的动作方式也非常容易让它受伤，如果动作幅度超过它本身能够承受的压力，非常容易造成韧带受伤的情况。在乒乓球练习中，手腕的活动范围是比较小的，在打球时，需要手腕做出各种动作，才能在面对来球时做到接球、发力等动作。如果腕部关节灵活性不好或者力量低时，就非常容易受伤了。

腕部关节受伤不仅在乒乓球中容易出现，在篮球、羽毛球、

网球等项目中也是很常见的。一些运动员就非常注意对手腕的保护，因为手腕一旦受伤，在短时间内很难恢复。

### 腰部受伤

在专业运动员的受伤形式中，腰部受伤占了一个相当大的比例。在乒乓球运动中，需要人体保持一个半蹲前倾的姿势，这个时候就需要腰部有一个比较强的支撑力。一些韧带在这个时候需要保持紧张的状态，而在接球、发球时，会需要腰部力量瞬间爆发，这样才能打出比较大的力量。在这个时候，如果腰部肌肉、韧带无法承受，就非常容易出现拉伤了。

同样，这种腰部受伤的形式也不只是在乒乓球中出现，我们经常会看到一些篮球运动员腰部缠着护腰，这就是因为腰部曾经受过伤，并且还没有完全恢复。

另外，在一段运动之后，肌肉仍然保持着紧张的状态，这个时候一定要注意做放松练习。通过不断降低肌肉的紧张程度来达到轻松的目的，这也是为什么专业运动员在比赛之后都会有专门的保健师、力量师为其做恢复性放松练习的原因。

在乒乓球运动中，凡是有击球的动作，都与转腰这个动作分不开，腰部承受着太大的压力。腰部活动的时候是以大肌肉群为主，这个时候如果没有准备好的话，大肌肉群很可能就会罢工了。

### 膝关节受伤

膝关节是人体结构中比较大的关节之一，同时因为使用频繁的原因，它也是最容易受伤的关节。从医学上讲，膝关节主要是由四个关节骨组合而成，它们分别是胫骨、髌骨、腓骨以及股骨。正是由于这些骨骼的有机结合，才能形成稳定的各种活动。

在骨骼之间，有四条韧带维持着彼此的关系。这些韧带的作用非常明显，既起到连接的作用，也可以起到缓冲的作用，避免力量直接作用于骨骼。

在许多损伤案例中，膝关节的受伤比例非常高，约占到三成以上。这个主要是因为在乒乓球运动中，身体一直处于半屈的状态，膝关节承受着比较大的力量。而在骨骼之间的韧带，则一直处于紧张的拉紧状态，如果提前没有经过热身活动的话，韧带将会从一个轻松的状态直接进入紧张状态，对于长期的紧

张是不适应的，非常容易造成拉伤。

在乒乓球的运动中，不同的击打方式对应着不同的受力部位，在拉攻型打法中，腿部需要活动在一个比较大的范围内，幅度也是非常大的，所以在这个时候，膝关节承受的力量会更大一些。



### 肩关节受伤

肩关节由肩胛骨关节与肱骨组成，是一个比较典型的球窝关节组织。肩关节是人体最灵活的关节，由于结构复杂，所以可以做出一些灵活性非常大的动作，比如，屈、伸、环转等。这些动作在乒乓球运动中使用非常频繁，所有的乒乓球动作都与肩关节有关。但由于关节囊比较松弛，所以它也是稳固性比较差的位置。在一些手掌与肘部着地的情况发生时，非常容易造成肩关节脱位的情况。

肩关节的受伤主要是由于肩部的动作负荷突然超过本身的

状态，而没有进行提前准备。在一些常见的比赛中，一些运动员常常进行扣杀球，这个时候使用的肌肉群非常多，肌腱不断被拉伸，所以会造成更多的损伤。主要原因就是肩关节与韧带不断进行高强度摩擦，会造成牵拉损伤。

一般来讲，无论专业选手还是普通的业余乒乓球爱好者，都需要注意，在肌肉没有完全活动开的时候，千万不要直接瞬间做出大幅度拉伸动作，这样非常容易造成肌腱与韧带损伤。

## 踝关节损伤

踝关节损伤在足球运动员的身上非常容易出现，在乒乓球运动中也是如此。踝关节主要是由胫骨、腓骨下端的关节与跗骨构成，形成了一个关节窝。踝关节的特殊结构可以适应诸如上坡、下坡等动作，但如果过多地进行侧方运动时，窝关节就不能完全胜任了，这个时候最容易出现扭伤。

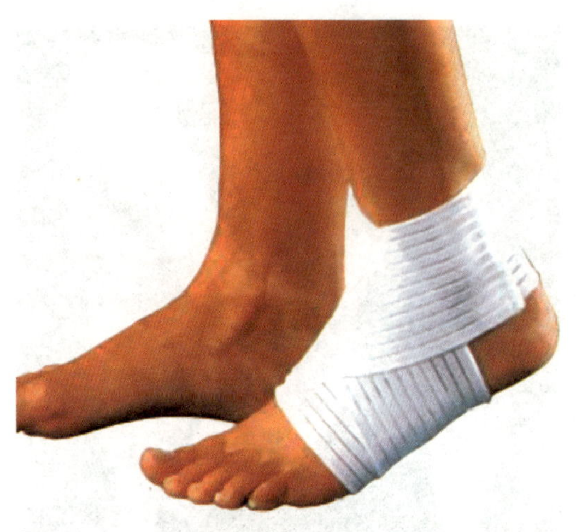

在乒乓球运动中，踝关节是十分重要的，虽然腰部是作为发力最好的部位，但踝关节起到支撑整个身体的作用，而且在乒乓球比赛中，随着球来路方向的不同，需要运动员快速地向左或向右做出移动，这种快速不同方向的移动对于运动员的踝关节来说，是十分剧烈的。在踝关节受伤中，多以内翻损伤为主。



### ❖ 如何避免受伤——预防为主

首先，要在思想上对运动中的损伤引起高度的重视。每一种运动都存在危险性，乒乓球这种简单的项目也有可能造成严重伤势。所以在运动的时候如果不注意，随时有可能会受伤。每个人都不想受伤，受伤会带来身体的痛苦，同时也会耽误正常的工作、学习与生活，如果是专业运动员，受伤就有可能耽误正常的训练或比赛，严重的伤情还会带来更多的心理创伤，在以后的运动中会一直担心这个部位会不会出问题，所以要在思想上认识到受伤带来的严重后果。

第二，要认真做好运动前的热身活动和运动后的整理放松

活动。每一项运动都会牵扯到不同的肌肉与韧带，对于需要短时间内爆发用力的运动，尤其需要注意做好提前热身。热身活动的内容前面已经讲到，最好是按照教练指导的方法循序渐进，不可着急。另外，需要注意的就是练习之后的恢复性训练，也就是所谓的放松训练。大家都知道长跑运动员在结束比赛之后都会慢走一段时间，这主要是因为长时间的肌肉紧张很难在短时间内完全放松，如果这个时候停止动作，肌肉会出现异常僵化等反应，不利于长远的身体健康。乒乓球也是需要在短时间内达到高强度力量的运动，所以比赛之后也同样需要放松。

第三，要合理安排训练量，遵守循序渐进的原则。

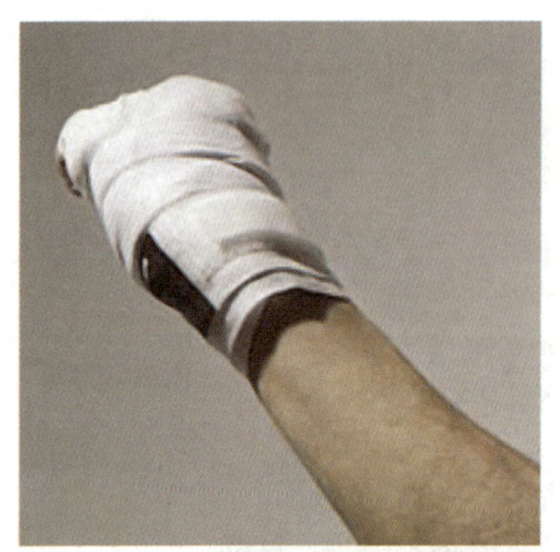

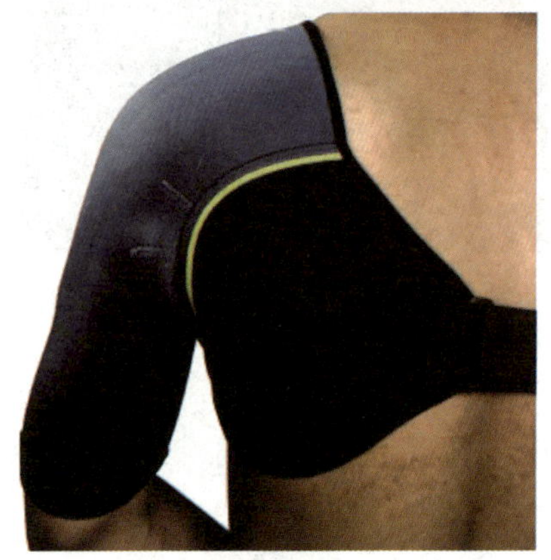

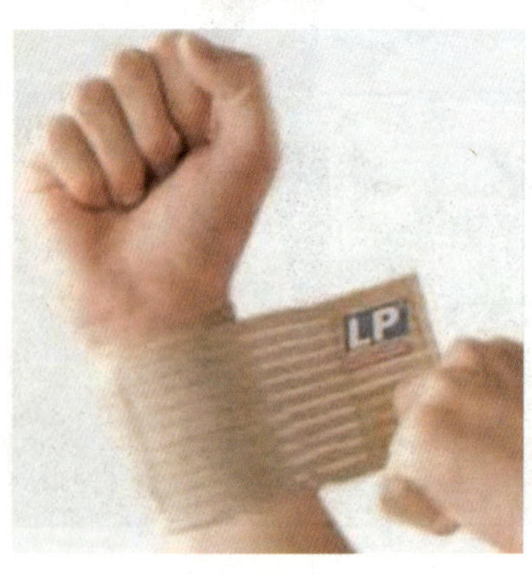


在很多情况下，一些业余运动员非常不重视运动前的热身，认为这是没有必要的。其实不然，业余运动一样需要热身。而且如果长时间不运动的话，最好不要立即投入较大的运动量。可以采用逐渐加强的方法，比如今天运动半小时，后天运动一小时，下周再运动两小时，这样的训练才会让肌肉不断去适应力量强度。切不可随意地增大训练量，这样会造成肌肉难以在短时间内达到最佳状态。

第四，要掌握技巧，不可使用蛮力，避免受伤。在乒乓球训练时，要采用多种多样的训练方法，不同的技巧对应着不同的机体使用情况，而不同的手段可以用来改善运动员各器官的机能，这种训练方法对于全面提

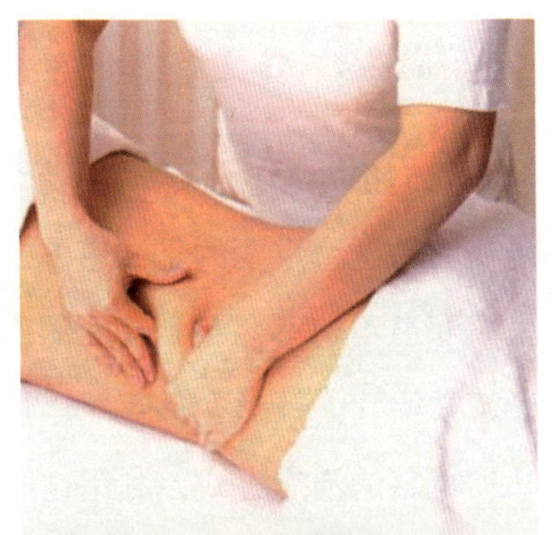

高身体素质有着极强的意义。另外，如果想要做到正规的训练，就必须要掌握正确的技术动作，不可采用自己“独创”的运动方式，非专业的动作很可能会导致不必要的受伤。在乒乓球的训练间隙，可以通过一些力量训练来加强易损伤关节的柔韧性和易损伤肌肉的力量。

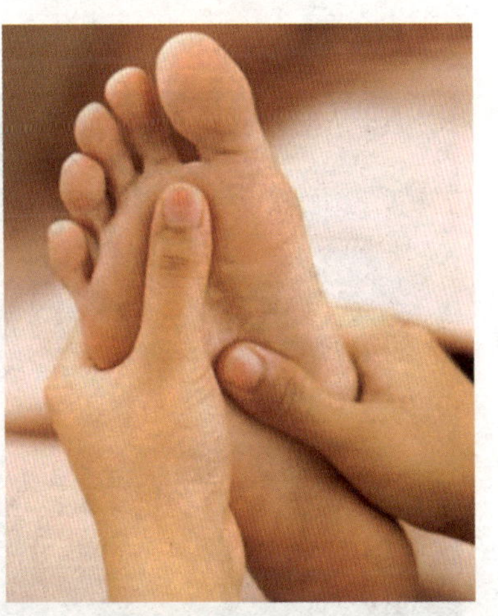

第五，加强医务监督，发现伤病及时治疗。这一点对于专业运动员来说极其重要，如果受伤后不及时就医很有可能耽误最佳的治疗时机，给以后的治疗带来更大的困难。对有伤病的运动员，应调整训练安排。业余运动员也应该注意，一旦发生意外需要采取专业的手段，或及时就医，这一点首先要从意识上加以重视，才能做到真正保护自己。

第六，对于一些有可能受伤的部位，需要提前进行保护，如戴一些护具等。一些专业的运动员都喜欢戴护腕、护膝或是护踝，这些保护看起来简单，实际上却能起到很重要的保护作用。

## ❖ 如何应对乒乓球运动中的受伤

我们都知道，在运动中受伤不可避免，但是如果真正遇到受伤的情况，重要的是知道怎么做才是正确的。一些不正确的歪门邪道不但不会起到正面的作用，反而可能会加剧病情，阻碍正常治疗。针对在乒乓球运动中极易受伤的部位，下面介绍几种特定的治疗方式，利用这些方式方法，会有效地减轻受伤带来的痛苦。

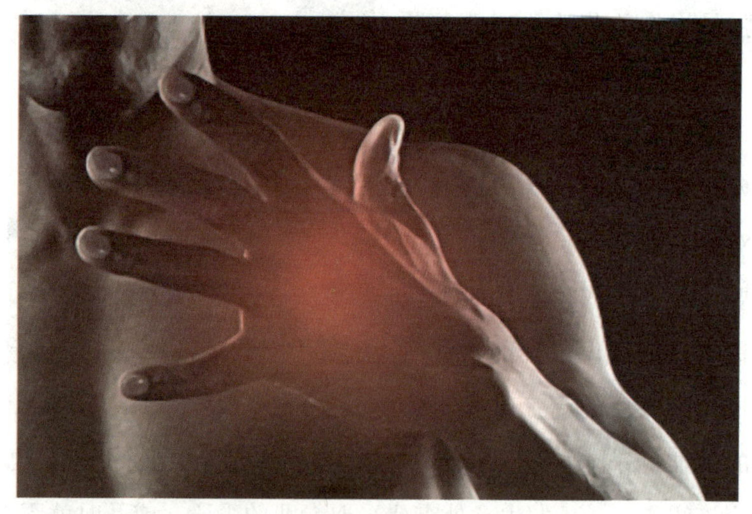



首先是腕部受伤的情况。腕部的骨头比较多，极易出现受伤情况。当腕部轻度受伤时，表现形式一般为疼痛，如果活动幅度大一点的话，会受到限制，继而出现肿胀，这些情况出现以后，就需要立即停止运动，避免造成更严重的后果。在条件允许的情况下，首先进行的是冷敷，使用冰块或是冷毛巾等，

这样可以减少血液在此处的流动，避免肿胀的进一步增大，这个时候不可按摩，因为此时按摩很有可能会造成更严重的肿胀。在 48~72 小时以后，可以采用按摩的方式促进血液流动，促进正常血液循环。如果病情严重的话，最好是找专业的正规医院进行治疗。

再就是腰部的治疗。打乒乓球时，腰部是发力部位，这个位置出现问题是比较严重的，所以需要提前进行热身，做好充分的活动后才可以进行高强度比赛或是训练。一些较轻的腰部受伤，如软组织或是韧带损伤，在这种情况下，大幅度活动腰部会有疼痛出现，此时要停止活动，或是降低活动幅度。然后采用按摩、理疗的方式进行治疗，一般一个星期就可以治愈。如果腰部受伤严重，有可能会出现韧带撕裂的情况或是关节错

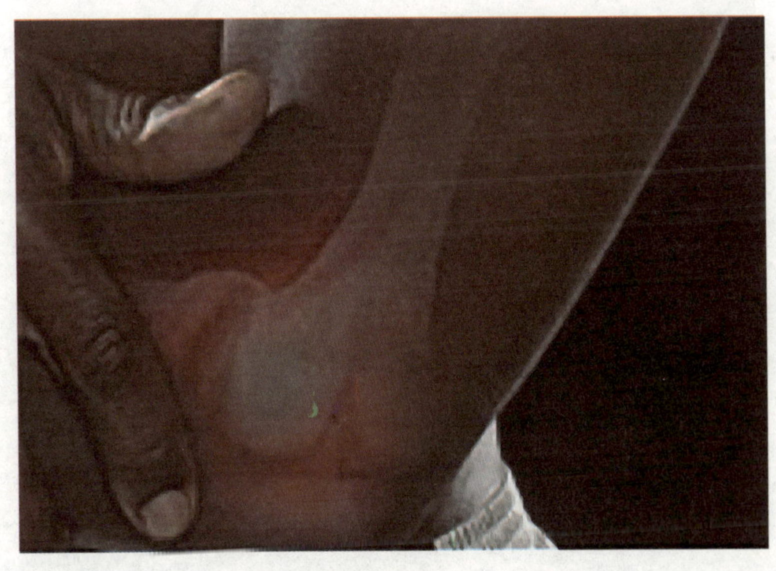

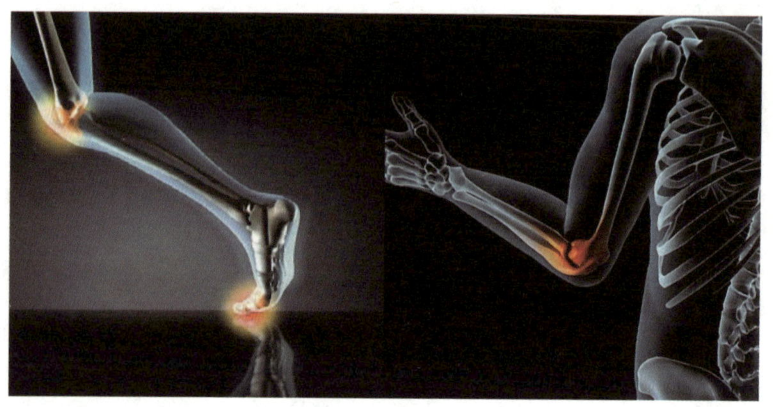

位的情况。这个时候，需要立即停止活动，采用卧床休息的方式，在专业医生的指导下进行康复性治疗。

对于膝关节受伤的情况，在业余运动员身上出现的比例比较低，因为成年人的膝关节生长比较成熟，稳定性比较强。如果想要保护膝盖的话，可以采用戴护膝的方式。对膝关节在运动中的使用情况重点是看运动采用的站位姿势，如果一直使用同一种姿势的话，很有可能会造成不平衡的情况出现，这种不平衡会让一侧的膝关节一直处于压力状态，最终有可能会使肌肉劳损。所以在这个时候注意练习一段时间之后有意识地进行休息，让肌肉与组织压力得到缓解，这种休息不是单纯地坐在那里不动，而是进行简单的走动或是按摩，这样可以让肌肉保持在运动状态，机能可以得到有效恢复。

肩关节是一个比较脆弱的位置，它的受伤形式不太统一，也不是很明显。轻微的肩部受伤主要表现在肩外侧疼痛。这种情况在使用扣杀动作时尤为明显。这个时候需要及时地休息，减少肩部的紧张状态。另外，如果不是很严重的肩部受伤，可以采用针灸、理疗的方式进行治疗。也可采用冷处理的和衣而卧，可以在经冷敷处理24小时后用活血化瘀、消肿止痛的中成药。

另外，对于其他不常见的受伤情况的处理也需要进行了解。腰背肌筋膜炎的治疗方式是调整运动量，运动时佩戴支具，对损伤部位进行按摩、针灸，较严重的需手术治疗；肩袖损伤的治疗方法是调整运动量，加强上肢肌肉的训练，根据病情轻重可用固定、封闭、理疗或手术等方法处理；三角软骨盘损伤需要注意的是明确损伤原因，减少运动量，必要时进行固定、局部封闭、理疗、按摩，严重时需经手术治疗；髌腱末端病需要

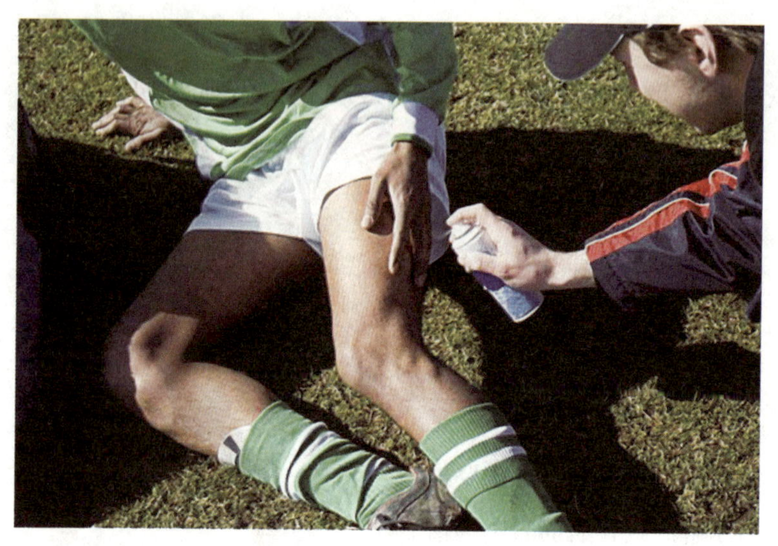

预防或治疗的手段是调整运动量，加强下肢肌肉训练，佩戴支具保护，并进行按摩、理疗；跟腱周围炎症则需要减少运动量，局部封闭，进行慢跑、理疗、手术治疗；肱二头肌长头肌腱鞘炎主要预防与治疗手段：如有出现，早期冰敷患处减缓疼痛，后期可通过按摩、理疗、外用药物等方法处理，如出现脱位应及时到医院处理；肱骨外上髁炎主要预防及治疗方法是调整运动量，进行局部封闭，之后用中药熏洗、按摩或进行手术治疗。

也许我们对于受伤的处理并不专业，但通过我们提前对这些知识进行了解，可以在一定程度上避免受伤的出现，知道采取哪些简单的力所能及的措施是有效的、正确的，不会出现束手无策的情况。运动时一定要好好保护自己，才能起到真正健身的目的。

## 乒乓球运动的基本知识

如果你也喜欢打乒乓球的话，那就参与进来吧。大家准备好球拍，穿上合适的运动服和球鞋，走进乒乓球运动场地，接下来要面临的问题就是如何在球台上把球打起来。可是打乒乓球并不是一件简单的事，为此，大家必须要提前了解一些必须知道的知识,这些基本知识对于训练是非常重要的。比如,站位、击球时间和路线，球的旋转和应对方法，当然接球和发球也是必须掌握的最基本的技术。

### ❖ 站位

首先要了解什么是站位，哪些站位是合适的，这在乒乓球的技术交流中是十分重要的。因为对于接发不同的球需要在运动场上站在不同的位置，这样才会更好地衔接好接球与发球。

近台主要指的是站位距离端线半米以内的范围，这样的距离可以提前准备动作，给对手很少的反应时间。中近台指的是站位距离端线 50 ~ 70 厘米以内的距离。相对于中近台而言，中远台是站位距离端线 70 ~ 100 厘米以内的距离。最后是关于远台的概念，站位远台是距离端线 1 米之外的区域范围。

乒乓球运动中站位的选择是根据不同的打法类型及自己的特点制定的。每个人的击打类型不同，风格不同，所以选择的站位就会不同，另外，根据对手的特点需要制定站位范围。只有站立在一个不错的位置，才能稳定发挥出最高水平，保持快速移动，与对手周旋。

除了简单以位置与端线的距离所区分的站位，还可以根据不同的打法制定站位方式。对于左推右攻打法而言，最好是选

择中间位置偏左的基本站位；对于两面攻打法，基本站姿是在近台的中间位置；对于以弧圈球为主的打法，基本姿势应该保持在中台附近；最后就是削球打法了，这样的打法最适合的就是站在中远台的附近。

乒乓球运动最开始的准备姿势主要有以下特点：两膝微屈，这个时候应感觉到身体对膝关节有一定的压力。这一点是非常关键的，微屈的双膝就如同蓄积了能量随时准备爆发，而僵直的膝关节则会缺乏弹性，难以辅助爆发出力量，并会明显降低步伐移动的速度。两脚的前脚掌内侧着地，稍微提起脚后跟。这是与上体略前倾相辅相成的，有助于快速起动。

对于下身的站姿明确之后就需要注意上身的基本要领了。这时两肩基本同高，肩关节处于放松的姿态，一定要注意避免耸肩，即使在没有击球时也不应该刻意地沉肩。头部的姿势需要有两点注意，下颌需要稍微向后收起，此时的两眼一定要精力集中注视来球线路。

球拍的使用也是非常重要的，球拍不要压得过低，否则容易延误打球时间，对于台面内的球处理时，会显得比较笨拙。同时也不易于处理上旋来球，尤其是弧圈球，要知道弧圈球在当今乒乓球运动中是使用最频繁也是最有效的方式。

## ❖ 击球路线

所谓击球路线，主要指的是从击球的位置点到落台点之间所形成的直线。在乒乓球运动中，五条基本线路是：右方斜

线、右方直线、左方斜线、左方直线、中路直线。其中中路直线是在比赛中最常用的，根据不同的站位而制定的，这种球也叫追身球，也可以称之为中路追身球。

### ❖ 击球时间

击球时间主要是指在与对手进行比赛时，乒乓球在第一次落台时弹起的时间与接下来第二次落地之间的过程时间，在这个时间内进行击球，就需要各种不同的技巧了。一般以弹起球的最高点为界限，在之前的过程称之为上升期，在之后的过程称之为下降期。

如果再细化一点的话，上升时期分为上升

前期与上升后期，这两个时期内的球速与运行特点是完全不同的。第三点是最高点期，一般在最高点期进行击打时难度比较大，但最高点只是一种概念，在实际运行时可以根据球路的特点进行击打。最后就是下降时期，这个阶段分为下降前期与下降后期。下降前期主要指的是球从最高点的位置开始下降的最初阶段，而下降后期是指球下降到台面之前的阶段。

### ❖ 击球部位

击球部位在乒乓球运动中是十分重要的。一些有经验的朋友都知道，这个击球部位对于球的运行线路有着至关重要的作用。不同的击球部位对应着不同的球路。不同的击球位置对应

着不同的方向。另外，击球部位对于力量的选择也很重要。我们要做的就是采用合适的力量，掌握准确的位置，让球越过球网到达对面的球台，同时自己掌握乒乓球线路与方向，以牵制对手。击球部位一般分为三点，即上部、中部与下部。

### ❖ 击球力量

击球的力量大小在乒乓球运动中起着非常重要的作用。如果力量大了，就会让球快速地越过球网，另外还可以借助旋转的力量，将威力大大增加。

击球的力量主要决定于球拍的运行速度大小。一般来讲，只要掌握好路线，保证不失误的前提下，击球力量越大，速度就会越快，这样在战术上就会更容易处于主动的位置，从而有了更多战胜对手的机会。当然一味地单纯发力也是行不通的，必须要有更好的全身协调性。

击球的力量大小其实并不是绝对的，而是相对的。对于近台快攻与快推时，加速距离都会比较短，在这种情况下如果能击打出比较有力的球需要做到以下两点：一是比较多地使用前臂发力，在球线路的上升时期击球，让球在本台面的运行距离更短。二是采用球的反弹力来增大回球的飞行速度。

为了提高击球的爆发力，除了要拉长加速距离以外，对于挥拍的速度也提出了更高的要求。所以需要身体的各项机能都发挥好，上肢与下肢共同协调，才能有着不错的全身协调力。

那么如何才能提高击球的力量呢？

第一，选择一个合理的击球位置，要求我们在球来时，就必须做预判，这样才能提前准备好移动步伐，得到最有利

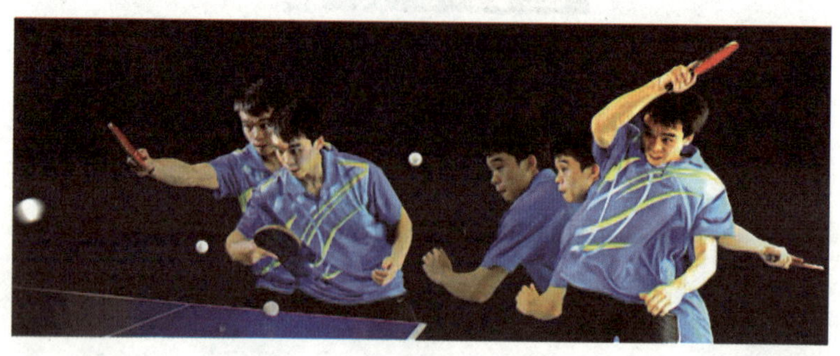

的击球位置，要时刻注意让自己的身体与击球点保持一定的距离，这些距离可以让拍保持加速前进，从而加快了挥拍的速度，击球的力量就会更大一些。因为全身的位置都在为上臂准备能量。

第二，提高肌肉的工作能力。想要让手臂发挥出更有力量的效果，就需要让手臂的肌肉拉长到足以快速发力的程度。只有拉的位置更靠后，发出的力量才能更大。

第三，选择一个正确的击球位置。击球的点非常重要，机会稍纵即逝。在击球时正确的击球点应该位于身体的侧前方。对于击球位置的选择，需要让球拍在与球接触的一瞬间达到一个最大的速度，这样才能起到一个更高的效率。

第四，充分利用好放松的节奏。如果一直保持紧张的状态，

不能完全发挥出最高水平，也不利于肌肉的长期发展。只有放松了，才能有更好的爆发力。

击球力量的锻炼不单单是对于身体机能的锻炼，更重要的是，通过技巧的运用，让有限的力量发挥出无限的能量。力量在任何一种运动中都会有着极强的作用。要想从战场上打败对手，需要从力量上与技巧上都要比对手发挥好才行。反过来，乒乓球运动也会对于力量的锻炼有着积极的作用。

# 第三章

# 如何成为乒乓球高手

每个乒乓球爱好者都希望自己的能力提升，掌握乒乓球运动的秘诀，达到人球合一的境界。可是乒乓球的能力提升不是以意志为转移的，它需要不断地进行系统训练，不断比赛，积累经验，经过长时间的练习，才能达到一个很高的水平。

那么如何成为乒乓球高手呢？一般来讲，一名专业运动员的乒乓球训练过程约为十年，这十年的时间里会经过启蒙期、基础期，完善基础之后进入成长期，假以时日才能达到高峰期，乒乓球系统训练的这四个基本时期是每个运动员必须要经历的。如果没有前面的阶段，后面的阶段几乎没有可能达到。而如果不坚持的话，只进行了前面几个阶段的过程，也很难达到高峰期。

而且需要在每个阶段稳扎稳打，才能在最终得到一个不错

的结果，否则只能是泯然众人矣了。如何在每个阶段保持较高的竞技水平也是运动时需要考虑的。普通的业余爱好者的四个阶段区分并不十分明显，而且通过自学也很难达到很高的水平，所以业余爱好者的目的还是主要在健身、锻炼上，而不是为了获得世界冠军等头衔。

## 启蒙期

对于启蒙期，最重要的就是培养对于乒乓球的兴趣，通过不断有意识的培养，让运动员对这项运动有更多的了解。每个运动员都是与众不同的，需要进行独到的关注，为每个运动员制定不同的训练课程。除了这些意识上的认识外，最重要的就是在这个启蒙期教会他们对于正确基本要点的掌握。一个运动员的习惯都是从初次接触这项运动的时候就已经养成了，所以在启蒙时就要选择好握拍的方法，握拍的方法与未来

的打法有着密不可分的关系。

乒乓球拍的握法基本上有两种，分为直握法与横握法，这两种不同的握拍方式的区别完全可以从字面意义上来理解。不同的握拍方式对应着不同的优缺点，造就了更多不同的打法。直握法的特点主要是出手速度比较快，正手攻球时对手很难接得住，在攻斜线与直线时拍面的变化并不明显，所以对手就会难以做出准确的判断。但直握法在反手攻球时会受到身体的影响，比较难控制，防守时能够达到的范围比较小。横握法的主要特点是面积范围比较大，在攻球时或者是削球时变化比较小，优点是反手攻球便于发力，也更容易拉出弧圈球。

关于两种握法的选择首先看个人的特点与兴趣。当然这需要在一定的触球感觉基础上才能由自己或是教练做出正确的判断。一般可以采取托球、颠球、对墙击球等方式进行练习，这样才能更好地熟悉球性。

## 基础期

乒乓球练习的基础期对于运动员的整个职业生涯都是最重要的阶段，而对于一些普通人来说，这个阶段练习好了，对以后的成长也是有很大帮助的。

在乒乓球的基础阶段，需要建立和形成最正规的技术动作，运动员需要掌握发球、挡球、攻球、削球的各种技巧，身体的训练重点以练习提高素质为主，通过把全身的机能协调起

来，全面发展，保持均衡。这对于运动员的体能有着极高的现实意义。需要注意的是这个阶段运动员的成绩有可能不会太好，但切记不可急躁，否则就不能起到稳定基础的作用了，所以不要急于出成绩，这个阶段不是出成绩的时候，只有基础打好了，到了成长期，成绩自然会出来了。

在这个阶段最重要的就是建立最规范的动作。进一步提高手感、球感以及全身与球台的协调性。进一步增强调节能力。最系统的基础阶段练习方法是用较长时间的有规律性的内容，同时结合球培养一定的手感。不断重复最基础的正确的动作方法，养成重要的习惯，才能在以后的发展中，较长时间保持在一个较高的水平上。

## 成长期

业余爱好者与专业的乒乓球运动员其实都有一个成长期，在掌握了一定的基础知识后通过不断磨合，不断比赛而获得更多的经验。这个时候需要巩固发展更多的基础训练，把最基本的技术与战术做到最好。通过这些积累形成良好的比赛意识与现场掌控能力。另外，在这个阶段，需要运动员在掌握基础技术的前提下，根据自己的特点与身体素质，制订一个比较全面的、具有个性的打法方案与风格。

在成长期，一些基本的训练已经非常熟悉，这个时候，就需要开始注意脚下的步法了。此时以步法的训练（衔接各项技、战术的中枢）、形成独到的训练、简单的技战术训练和建立比

赛意识与能力的训练为主。与此同时，还应该掌握其他更多的技术，注重技术的全面性，因为在未来你有可能会遇到技术风格与自己相差比较大的对手，这个时候如果提前熟悉了，就能很好地掌握对手的技巧，同时也会注意到对手的弱点在哪里。这个阶段的受训者已经具备了一定的技战术基础，对于刺激、条件反射相对复杂的反应比较迅速，所以就可安排时间长、内容多、针对性强的方法进行进一步的训练。训练内容可根据运动员比赛和训练中的情况，随时进行调整，再通过比赛的实践和运用，以达到训练的预期目标。

在成长阶段，不但要加强训练，更重要的还是通过不断与人进行比赛的方式在实战中提高自己的技巧与能力。有的时候我们觉得自己练习得已经不错了，可是一上比赛场，却发现自己认为正确的事在比赛场上并不合适，所以说要以比赛作为目的而进行有针对性的训练。

### 高峰期

如果前面的阶段都已经准备好了，那么就进入了高峰期。高峰期并没有明显的标志，这个时期完全是由教练或是自己掌握。在这个阶段需要围绕自己的技术风格进行有针对性的训练，在这个基础上巩固、发展、完善自己现有的技术、特长。另外，对于乒乓球运动所需要的各个方面都需要巩固加强。技术、意识、身体、步法、意志、心理因素等，这些都是需要不断去锻

炼的。在高峰期会面临着比较多的比赛，通过这些比赛，可以把以上的因素完全展现出来。如果平时没有刻意去锻炼的话，在实际中一遇到突发情况，有可能会束手无策。

普通业余爱好者很少能进入高峰期，不过高峰期是每个人都希望自己能够进入的状态。这个时候应围绕着个人的技术风格和特长技术配套来训练，用特长技术带动其他相关技术的发展与提高。要进行技术的不断组合和磨合、战术练习与配套，以及模拟对抗性的训练。另外，运动员还要重视通过实际比赛发现问题的弥补性训练。比赛最能够发现一个人的弱点在哪些地方，回去之后需要不断总结，只有不断总结才会不断进步，这是长远的思路。该阶段运动员已具有较高的技、战术水平和实战能力，应对刺激和条件反射的能力已达到顶点，所以可安排时间短、随机变化多、对抗性强的训练，强化组合和综合能力的培养。比如，有的教练会采用多球练习，在这个多球训练中，减少多

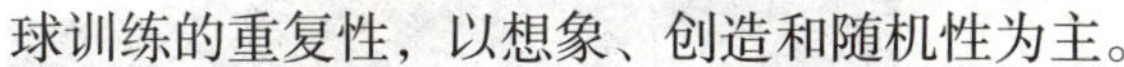

球训练的重复性，以想象、创造和随机性为主。

对高水平运动员的训练，应在坚持“发展特长，弥补特短”的原则下，因人而异。尤其在世锦赛及奥运会期间，基本坚持以个人计划为主，技、战术训练和心理训练密切结合，模拟训练和计分比赛有机结合，以期在大赛期间，将运动员的竞技水平调整到最佳状态。这个时候的运动员已经与普通的运动员有了本质的区别，所以对手也会越来越少。但位置越高，潜在的对手就会越多，如果想要让自己长久地保持在高峰状态，除不断地练习、比赛之外，总结必不可少。而且还可以通过这些活动去琢磨一些新的东西，通过创新为乒乓球运动的进一步发展做出贡献。

## 乒乓球的基本功

### ❖ 乒乓球基本技术知识

### 发球技术

1. 正手位发奔球

所谓的奔球就是指急上旋发球。它的主要特点与要点如下：

主要特点：

球速会非常急，而且落点比较长、冲劲很大，会把球发到对方右中偏左的位置。

要点：

（1）首先抛球要求不宜太高，太高的话容易被对方看清动作后做下一步的准备，这样会大大减小威胁；

（2）提高在击打球一瞬间的挥拍速度，提高速度的方法前面讲过，摆动手臂，让全身的力量爆发出来；

（3）落点靠近端线，保证发球不会失误；

（4）击球点保持和网同高，也可稍低于网，如果击球太高的话，会大大降低球速。

2. 反手位发急球和发急下旋的球

相对于上旋球，下旋球也是一个不错的技术手段，其主要特点与要点如下：

主要特点：

球速比较快，弧线压得非常低，这个时候前冲的力量会比较大，很难接到球，有利于抢攻，常与其他技术配合。

要点：

（1）击球点应放在身体的左侧位置，尽量保持和网在一个高度，也可比网稍低；

（2）注意腕部的甩动发力，发出爆发力；

（3）使球的落点靠近端线。

3. 发短路球

所谓短路球，指的是在距离台网大约半米附近的区域击球。其主要特点和要点如下：

主要特点：

击球动作比较小，但出手非常快，球不出台，这样使对方没有足够的时间发力抢拉、抢攻，从而可以让对手不断前后跑动，消耗体力。

要点：

（1）抛球不宜抛得太高，如果太高的话，非常容易把自己搞晕了；

（2）击球时，手腕的力量要大，这个时候应该注意用巧力；

（3）落点居中，不要离网太近；

（4）发球动作与发长球差不多，虚虚实实。

4. 正手发转、不转球

主要特点：

球速比较慢，前冲的力量小，用同样的动作，制造与众不同的感觉。

要点：

（1）发球时球不宜抛得太高；

（2）发转球时，拍面稍后仰，切球的下部，越是加转球的时候，越应该关注手臂的前出动作，想象一下，前送的动作越大，发出的力度越大，旋转的幅度也就会越大；

（3）在发不转球时，击球瞬间要尽量降低拍面后仰角度，但要增加前送的力量。

5. 正手发左侧上（下）旋转球

主要特点：

左侧上（下）旋转球力度是非常强的，会在对方挡球时反弹，一般需要站在中线左侧，当然侧身也可以发球。

要点：

（1）需要注意发球时要收起腹部，击球点不可以远离身体；只有在自己身体 10 厘米以内。

（2）保持增加两边挥拍的力度、弧线，让侧旋更厉害。

（3）在发左侧的上球旋时，击球的一瞬间手腕需要快速内收，球拍能够从球的正中往上摩擦。

（4）在发左侧的下旋球时，让拍面稍后仰起，球拍就能从球的中下部位开始往下摩擦。

6. 反手发右侧上（下）旋转球

主要特点：

右侧上、下旋转球力度比较强，在对方挡住后，向左上（下）反弹。发球落点最好以左斜长球结合中右近网短球为最好。

要点：

（1）注意动作的使用，最好是使用收腹以及转腰的动作；

（2）要充分使用手腕转动与前臂发力相对应；

（3）在发右侧的上旋球时，注意击球瞬间球拍能够从球的中部向右上侧摩擦，手腕需要有一个向上的动作；

（4）在发右侧的下旋球时，拍面稍后仰起，击球的一瞬间球拍能够从球的中下部往下摩擦。

7. 下蹲式发球

主要特点：

下蹲发球一般来讲属于上手型发球，我们国家运动员在20世纪50年代就已经开始使用。横拍选手发下蹲球比直拍选手容易，直拍选手发球时需变化握拍的方法，即将食指放到球拍的背部。下蹲式发球可以发出两侧强旋球，在对方不熟悉的情况下，威胁很大，关键时也可以发出质量非常高的球。

要点：

（1）挥拍击球与抛球动作的结合，掌握好击球的时间。

（2）发球要有较高的质量才行，发球动作需要干脆利索，以避免在还没有完全站起的时候就被对方抢攻。

（3）发下蹲右侧上与下旋球时，左脚稍微靠前站一些，身体宜略向右偏出，挥拍的一般路线为从左向右，由前到后。拍触球中上部或从球中下部摩擦分别会打出右上和右侧下旋。

（4）发下蹲左侧上、下旋球时，站位尽量平稳，身体基本面向球台为佳，挥拍路线为从右往左，由后到前。拍触球中部向左上方摩擦为左侧上旋；从球的中部向左下侧摩擦则称为左

侧下旋球。

（5）发左（右）侧上、下旋球时，要尤其注意快速做半圆形的擦球动作。

8. 正手位高抛发球

主要特点：

它最明显的特点就是抛得非常高，增强了球下降时对球拍的压力，发出来的球速度非常快，冲力大得多，旋转变化方式多，着台以后拐弯飞行。但高抛发球的动作比较复杂，有相当大的难度。

要点：

（1）抛球最好不要太远。

（2）建议击球点与网在同高或比网稍低的位置，在近腰的中右处（15 厘米）为好。

（3）尽量增大向内侧摆动的幅度与弧线。

（4）触球后，再加上一个往右的动作，这个时候可以迷惑对方的判断，更有威力。

## 接发球技术

1. 接急球

所谓急球，就是指对手出直线或斜线以及中线的长球，这些急球具有角度大、速度快的特点。

在接急球时，运动员站位应该偏远一点，以能够做好全面准备，判断以及启动都要快才行。按照来球的速度、旋转进行判断，以及落点，采取一些点、拉、推、挡等基本技术来回接。在接正手奔球、侧旋的球时，均可以使用点、攻、冲作为主要技术；不过在接侧旋急长球时，要以拉冲为主；接反手向的奔球以及侧旋、侧上旋球的时候，则多以快推、快拨的方法或用反手攻以及侧身点、冲方法。

2. 接下旋球

接下旋球可以使用稳搓、摆短以及拉冲等各种方法，这些对新手来说，回接下旋的最基本的方法应是稳搓，它要求稳、低。对具备一定水平的运动员来说，接下旋球时，一定要保持积极主动，提高回接的质量。如果对方发球旋转很强，那就要用摆短、劈长等方法进行回接，还要加大回接的旋转及

落点难度。

由于下旋球具有速度不是太快但旋转变化较大的特点，因此，接发球的准备时间还是较充足的，而在判断旋转强度以及回接球的手上控制难度会要加大。

强烈下旋球一般都是与手法相似的不转发球相结合的。这就要求接发球者进行判断时一定要准确，看清来球的旋转强度以及落点后，再上手。如果没有胆量的话，就求稳搓接，甚至拱球，这样多半会被对方抢攻。

搓接不转球时，不会使球产生较大的旋转变化，容易被对方抢攻，造成被动以及失分。

在使用反手拉球技术回接反手位的侧下旋长球时应该要注意：如对方发球时的速度不是非常快、角度不是太大的时候还是比较容易回接的。但如果对方发球质量极高，那就要求拉球或冲球时手感要非常强才行，用摩擦旋转来抵制对方的旋转。让位需要做到非常充分，抢冲对方的两个大角。如能对来球判断极准确，用搓的方法回接也是可以的。如对方的发球是急下旋时，用正常的搓球方法回接容易打出高球，但用推挡、拨的方法

回接则可容易产生下网的后果。这时可用搓球的方式来回接，还可以使回球产生急下转路线，但要注意控制好击球时间、拍形以及用力方法。

3. 接左、右侧上、下旋球

站在反手位转身时用正手发球，能够使球产生左侧上、下旋转。站在反手侧向位，用反手发球，使球能够产生右侧上、下旋。无论抛球是高还是低、反手还是正手发球，除下旋球和不转球外，基本上都是左、右侧上、下旋球。但它们只是一个统称，也只是一个旋转的思路，其实并不包含速度和落点的因素。左、右侧上、下旋球都会有斜线长、短球，中路长短球，短球之分。

在这其中还有以旋转着地点为主或以速度落点为主的区别。同样是左侧下旋长球路，一个是斜线角度更大，旋转更强；另一个则可能斜线角度相同，速度快。因此，左、右侧上、下旋球是一个概念。如果详细用旋转、速度及落点区分起来，可分出多达几十种。

对发球者来说，较大的发球旋转，都是在球拍接触球的一个瞬间，通过拍形和触球用力方向而发出的。这就需要接发球者在判断准确的基础上利用比较固

定的接发球模式，并在这个模式的要点下，加强有对应性的强化训练，来提高接发球的质量和命中率。

接出台长球、半出台球时，无论是直、中、斜向的侧上、下旋球、半出台球，一定要立足抢拉、抢冲或抢点。至于如何运用，则要根据来球的速度以及旋转、落点来制定。接旋转力度较强的侧下旋长球、半出台球，要以抢拉高吊弧圈的方法为主。

接旋转力度不强、速度很快的侧旋球、侧下旋或侧上旋球应以冲点作为主要对策。

直握球拍方式在接反手位斜线大角度的长球时，要求步法移动要快才行，让位要足够，侧身抢拉、抢冲。如果来不及侧身的话，若能用直拍反手横拉最好，用反手横拉的手法抢先上手后可制约住对方发球抢攻，以此来变成上旋球后打来回、打摆速，所以就不至于陷入被动。

而且，回接反手位旋球或侧上旋球，用推、拨、挤或反手攻的方法都是有效的，关键是推、拨、挤的质量，要求在不失误的前提下，速度快、力量大、落点刁。

4. 接短球

短球也是一个统称而已，从路线上可分为反手位、中路、正手位短球。从旋转上可分为上旋、下旋、侧旋、侧下旋和不转的短球。

在接短球的方法上，根据不同球路而异，不排除同一种发球可用多种回接方法。比如说，接正手位侧下旋的短球，可摆短，也可劈长；可快挑，也可以用晃接。在这种情况下，接发球的方法就取决于你本身的接发球的能力。如果能把技术结合好，就可以提高速度，积极主动地挑、撇，以提高接发球的质量。

目前，高水平的运动员对于接发球的抢攻技术都很强，对出台或半出台球，无论其旋转强度如何，都能以质量相对高的弧圈球来进行接发球抢攻。短球最好，而且短球发的落点严谨，球的第二点都不得从球台的边线或端线出台，同时还伴有手法非常相似的旋转反差变化。因此，要求回接短球的时候首先是头脑冷静，判断准确；然后是接球的选择合理，快挑、摆短、劈长等技术要合理运用。要根据来球的特点及本人的技术水平、打法要点来选择回接方法。

值得注意的是，受固有的乒乓球方法意识影响，有些选手的回接短球多以摆短，而劈长、撇长少，显得接发球过于保守，并且威胁性差。应当讲，快速加转摆短球对制约对手抢攻的确是一个行之有效的方法，但一味地摆短时，使回接球的落点、线路变化不多，也会减弱摆短威胁。

发长球时要有不怕对手的准备，主动打实力战。劈长球也一样，迫使对方大幅度移动和让位，多抢拉弧圈，然后，你有充分的时间来准备和落点对抗，准备带、打弧圈，进行实力之间的博弈。如果摆短出半高球时，易被动挨打，球靠近球网，易被对方抢攻。

因此，接对方反差较大的短球进行摆短，要求回球快、短、低、转，缺一不可。

劈长球，多半在正手空位、反手追身，回球的角度大、线路长，容易在下一回合转为相持。因此，回接短球时，一定要提倡积极主动，多以挑、点、撇为主。然后，根据来球摆短、劈长灵活运用，不拘一格。回接的方法多、落点活。

当然，接发球的方法不排除战术的需要，而且服从战术的需要还是第一位的。



比如，对方发球抢攻是特长的时候，是主要得分手段，尤其是擅长正手位和中路抢拉弧圈球。那么，就要求接发球的第一板，死逼对方反手大角度，使其很难侧身抢拉，只好再过渡一板。这样从整体战术的角度要求，就有效地破坏了发球者的抢攻。在回接球的方法上，要求落点严格是非常重要的。

## 挡球和推挡技术

1. 挡球

主要特点：

球速慢，力量轻，动作较简单，初学者容易掌握。它可以帮助初学者熟悉球性，认识乒乓球的击球规律，提高控制球的能力。

要点：

（1）挡球是推挡球技术的基础，初学者应形成正确的动作手法。

（2）引拍时，上臂应靠近身体。

（3）前臂前伸近球，手腕手指调节拍形，食指用力，拇指放松。

2. 快推

主要特点：

快推的特点是站位比较近，动作幅度小，借力进行还击，速度快，线路变化多。适用于回击一般的拉球、推挡球和中等力量的攻球；在双方对峙中能快速打到方法，推压两大角或袭击对方空当，为自己的进攻创造条件。它是推挡球最常用的一项技术。

要点：

（1）击球前，前臂靠近身体，适当后撤。

（2）在前臂向前推送的过程中，完成外旋的动作。

（3）转腕动作幅度不宜过大，关键是时机要恰当。

3. 加力推

主要特点：

回球的力量重，速度快，击球点位置较高，充分发挥出手臂的推压力量。比赛中运用这种方式可迫使对方离台，陷于被动局面，与减力挡配合使用，能有效地调动对方，获得主动。它适用于对付速度较慢、旋转较弱的上旋球或力量较轻、着台后弹起比网稍高的来球。

要点：

（1）球拍后撤上引目的是增大用力距离。

（2）击球点适当离身体远一点。通过摆幅度达到出力的要求。

（3）击球时间不宜过早或过迟。

（4）要有效地把身体各部分的力集中在击球的一瞬间。

4. 减力挡

主要特点：

回球的弧线低、落点低、力量轻。回接时大力扣杀或加力推挡时能减弱回球的力度，如果与加力推结合运用，还可以前后调动对方，这种方法是对付中台两面拉或两面攻打法比较好的战术，它还常用于接加转弧圈球。

要点：

（1）击球前，身体重心略升高，稍屈前臂，球拍保持合适的前倾角度。

（2）触球瞬间，有意识地做手臂和手腕后收的动作。

（3）削弱来球反弹力的同时，借来球的力量将球挡过去，回球速度快。

## 攻球技术

1. 正手攻球第一关——借力击球

这是正手攻球的精髓所在，正手攻球之后才能完全做到借力。如果不会借力击球,谈再多“以腰带手、小臂不要主动发力、重心转移”等内容都是没有用的。借力击球时，小臂能够伸展自如，腕部就会有力量，球与拍接触时，声音就清响，能够很好地控制。再快的来球，都能轻易“快速截击”。借力击球学好以后，就能轻松知道哪个位置是最好的击球点。

如果上面的这些都对了，就不会再怕球跑飞了，或是动作过于别扭了，这就是所谓的借力击球，正手攻球中非常重要的一环。

2. 正手攻球第二关，用腰来带手部

小臂动作保持好，不乱发力了，腕部、大臂都保持好，就可以腰带手了，主要理解运用转腰的力量来打球的真正意义，知道哪些力气该发，哪些不该发。转腰速度快，柔和稳定，用慢球一样可以打对方的快球。以腰带手来“截击”弧圈球。你可能没想到，“快带弧圈球”，就是利用近台的正手攻球的不断改变。

3. 正手攻球第三关，重心的转移

学会了借力击球与以腰带手、正手攻球的基本要义，就剩下重心转移了。重心的转移就是关键看腿。这个时候腿腰相互配合，正手攻球就是利用的这一点。转腰带手时，让身体保持前倾，去迎接球。那么如何实践呢？请先放松自己，用以下的练习看看，精力集中，保持快速进步。

4. 借力击球的练习

大家经常说，正手攻球是借力用力，用弹力来打球。可是，听起来容易，但是一上台，身体就不管用了，要么击球点太晚，一个台内的球，出台了才去击球。虽然知道要去借力，但动作使用不出来，有些朋友做不来，是想借力而借不到力。有什么好办法来让朋友们轻松体会借力击球的本质呢？

（1）准备姿势：身体保持靠近桌台的边缘。越靠近越好，贴上其实也没关系，一定靠近桌台！

（2）身体保持前倾，肚子内收，但不是驼背，两脚与肩保持同宽，左脚靠前、右脚靠后。

（3）把手放入台内，两臂约呈 100 度，保持拍子越低越好，甚至要比网低。拍面与地面保持竖直。

（4）请球友在台子对面发球，当球过来时，正好会在你的正手位。发球时注意球速不能过慢，有上旋就行，这需要对手发球好一点的，球的落点要稳定。

（5）把拍子看成一面墙，当球来时，让它去碰这个墙，让它自己反弹回去。

（6）不要让拍子太高，用低位去接球。如果碰不过网代表拍子离击球点太远，一定要去碰。

（7）只要拍子靠近落球点，你可以发现，球能够轻易过网，而且带有非常难以想象到的弧线。如果重复以上动作，你就会发现成功率非常高。只要求过网就可以。当你在练习熟练之后，

可以控制拍形前倾角度来使拍子可以把球碰进。一定要记住，勇敢地往前站！往前一步，会更好地控制住乒乓球的扩散角度，这样就不会出现够不到的现象。

（8）延续上面的要点，手腕保持稳定，简而言之，先把整只手放掉。

（9）如果感觉急求没有力量的话，可以适当增加点力气，这个时候初学者都会乱动手臂，最好的方法就是通过抓手臂的办法，来让左手稳住右手大臂。

（10）手臂都稳住了，我们需要怎么动呢？这个时候不要着急，我们是肯定有办法的。记住腰部发出来的力量则是非常大的，要借助腰的摆动让球拍前后移动触球。慢慢来，温和一点。

（11）如果控制得好，用腰转动保持前后移动，就能轻松把球拍过网，腰转的速度与球的速度成正比。体验转腰的内涵与效果。

（12）以上动作掌握好的话，可以慢慢学习控球。要找到击球的感觉，就是用腰来代替手腕，用小臂来微调。

（13）重心交换练习时，先空手练习重心移动的动作，通过转腰，来挥动小臂。

（14）上半身保持前倾，肚子保持内收，两脚的位置与肩尽量保持同宽，这样会更稳定。

（15）利用两条腿的弯曲，把臀部右侧转移到右脚上方。这个时候，上半身依旧直立，让左腿漂浮起来。就是这样的感觉！

（16）同样的，把臀部左侧移动到左脚的上方，你会感觉到左腿吃力、右腿虚浮。

（17）在熟悉重心相互交换的动作之后，把转腰动作结合进去。腰在向右转的时候又配上重心右移的动作，腰转回的时候，则将重心往左移动。熟练了之后你就可以体验它的效果了。这个时候不要忘记以腰带手、借力击球的要领。站位先靠近桌边，跟对手来回对练，然后每打几球就退

一步，球速不变，对手发力也保持不变。退到中台的后面再往前进。通过这种方法可以很好地起到控制球的效果。

腰是乒乓球技术中最重要的环节，几乎任何比较大的动作，如小臂和手腕的力量，如大臂加力，这些都是应该用转腰发力来实现。为什么需要从近台来建立腰部的基础呢？原因其实很简单，近台快攻的一些基本动作可以让身体得到放松，一般运动员都会在赛前进行此项练习，所以多余的动作（挥大臂、耸肩、挥拍以及上半身晃动等）都去除，只用转腰与重心转移的力度就能击球成功，小臂稍做微调，在这个时候不需要发力。正确运用这种近台基本动作，可以养成转腰的好习惯，避免加入多余的动作，动作越来越顺畅，发力也就自然越来越合理，从而达到击球稳准狠、收发自如的境界。当然不可能一日练成，需要慢慢养成，不是练了几天就能成事，要有恒心和毅力。

若从拉球动作来感受腰是比较难的，这是因为拉球主要靠腿、腰、肩等发力相互传递，而不像近台动作如此单纯，在这个动作中，很容易某个环节错误，就给练错，走回去了，或者误解，感觉错误。练习腰是比较有难度的，容易绕远路。许多爱好者都打了很长时间的球，立马做出改变，比较困难。

## 弧圈球技术

弧圈球技术是在乒乓球比赛中常用的一个技术，它的一个总的原则就是务求把力量全部用到板子上。第一点需要扭腰，第二点需要摆臂，第三点要有收小臂的动作。最重要的是扭腰，收小臂，这一系列爆发动作一定要同时完成。

有很多人追求得非常细，一会儿想蹬右腿，一会儿又觉得扭动的惯性问题没解决好。

如果在练球时，把注意力放到蹬右腿上，这是不对的，因为在你扭腰时只要有重心左移前移的意识，右腿发不出力，只要不在发力时重心下沉就行。同时在练球时把问题考虑得过细还会导致发力不集中的恶果。平时多做空动作，体会发力的感觉，练球时注意力集中、发力集中。有一些基本的常识就可以了。长此以往，必会成功。

拉球时重心转移。拉弧圈没有重心的转移，既不稳定，也无威力。如果用上了重心的转移，就是调动了全身的力量来击球。

做拉弧圈的动作，不动腰，做拉球的动作比较一下，结论

就不言而喻了。说用上重心稳，是因为用上重心时参与运动的肌群多、质量大，运动起来惯性大，不容易变形，自然就比只用手臂稳定。只用手臂，或是乱甩手腕，灵活则灵活，可容易变形，稳定性也就差了。说起来容易，要做到合理运用时，却很难。首先，要保证发力的顺序：从下到上，从大到小，也就是蹬腿、转腰、送肩、大臂、小臂、手腕。其次，发力时各部位间要保持联系，力量的传递过程有部位的先后，但不要有明显的停顿和滞后。至于发力主要部位：近台在小臂，中远台在大臂、腰，而台内则是手腕。要达到好的发力，可真是不大容易，需要判断准确、步法到位、动作协调并使用好爆发力。

前冲弧圈、侧旋弧圈、高吊弧圈的要点：

1. 前冲弧圈：接触球的中部或者是中上部，在球上升前期、后期击球，整个动作迎前为主，打跟摩擦的比例是六比四，体现冲快的特点，带有鞭打的感觉。

2. 侧旋弧圈：手腕稍微往下落些，接触球的右侧面（右手握拍）在乒乓球的下降前期、后期摩擦球。

3. 高吊弧圈：接触球的中部或者中下部，在球的下降期摩擦球，整个动作以向上为主。摩擦跟打的比例是8∶2。

那么业余球友如何拉弧圈呢？

板形的控制：良好的握板方法是拉好弧圈球的基础，直拍不能吊拍，手腕与前臂成一直线，拍形略向前倾。拍后三指略弯曲，中指、无名指顶住球拍，以中指为主。

基本要领：拉球时手臂与身体不能离得太近或者太远，要以能放下一拳为宜。大臂放松，拍头要挺得住，不能吊。重要的是要转腰，转腰说来容易做到很难，难的是要把力量从腰上传递到大臂再到小臂再到球拍，最后利用收臂的力量把球拉出，注意球拍要往前送，即所谓的吃球。收前臂时要做到快，有一气呵成鞭打的感觉。

### 削球技术

削球技术在乒乓球中算是一种常见的技术，它具有被动性与积极性两种性质。削球技术从战略上来讲是属于防守型的，目前攻球速度不断加快，力量不断加大，它的被动性也显现了

出来。为什么原本在世界乒坛占绝对地位的削球打法从20世纪50年代以后就一直未能再创辉煌，它的原因就在于此。削球的积极性主要表现在旋转与落点变化无常，经常会让对方困惑，造成被动以及失误，而削球明显会降低速度。在弧圈球发明后，稳削已经被证明越来越被动。今日削球，只有不断适应弧圈球，在此基础上，增大旋转以及落点变化，增强攻势，才能更主动。以下介绍几种主要削球技术。

1. 远削

主要特点：

它的动作较大、球速比较慢、弧线非常长、击球落点低，旋转为主要特点，配合落点不断改变。主要用于球员在远台接旋转度大的弧圈球，是削球手最基本的入门技术。

要点：

（1）正手远削：保持两脚分开，右脚稍后，身体保持右转，手臂往右移动，同时提起，前臂提起，球拍上举。球跳到下降后期时，向左转动，上臂与前臂一起同时向左前方用力，并下压，拍面后仰，触球中下部，手腕有一种摩擦球的感觉。

（2）反手远削：与正手削球类似，但方向相反。反手削球最大的特点就是因受身体的限制，引拍动作要有一定的节奏。

注意事项：

发力时，用手臂带动手腕，保持动作向前、用力饱满。

2. 近削

主要特点：

站位比较近、动作非常小、击球点高于一般、回球的速度很快、通过落点变化可调动对方不断移动，从而伺机反攻。它主要是运用在对手拉球旋转不强时使用。

要点：

（1）正手近削：它的动作与远削相差无几。所不同之处就在于，要向上引拍为主，它的拍形保持后仰，保持下压的姿态，略带向左前，击球点主要是在上升后期、高点期，它的动作速度比远削要更快一些。

（2）反手近削：与正手近削相同，但方向相反。引拍动作需要更快，否则有来不及的感觉。

注意事项：

与远削相比，近削时身体的重心比较高，挥的动作幅度比较小，速度更快一些，用前臂和手腕发力为主要动作点，尤其是在向下切削时，保持力度。

3. 削追身球

主要特点：

对于对方的来球靠近身体时，削球时需向两侧让位，技术难度较大，需要身体有一定的柔韧性。

要点：

（1）正手削追身球：当来球在正中间位置时，右脚后撤，收腹并转髋，让上臂靠近身体，保持前臂迅速地提起，手腕略上提，将球拍引到身体的右上方。这个时候，要注意当来球跳到下降前期时，前臂带动手腕发力，方向是从上向下用力，拍面要近于垂直，击球部位位于中下部并摩擦，身体重心需要向顺发力方向迅速降低。

（2）反手削追身球：与正手大体相同，方向却相反。

注意事项：

（1）判断要非常迅速，要快速决定向左或是向右让位。

（2）当来球速度非常快时，身体来不及移步让位时，这个时候不要怕，将拍向上举迅速出手击球，身体向后撤，收腹含胸，提髋，必要时双足腾起，用身体自然下落的力量来辅助手臂往下用力压低弧线将球削出去。

4. 削突击球

主要特点：

削突击球时往往处于防守阶段。并且是对方在发球、短球

以及拉球后进行的突击反应，使前一球与接突击球中间的差别非常大，增大了回削的难度。削接突击球，又称“顶重板”，是一项基本技术。

要点：

（1）正手削突击球：根据来球情况快速以单步后退让出位置，收腹含胸，腰、髋右转，前臂上提，将球拍引到身体右后上方。在球的下降前期，拍面垂直，这个时候要触球的中下部，让手臂从上向左下方压切。

（2）反手削突击球：与正手动作相同，但方向相反，引拍应特别强调快速。

注意事项：

（1）整个动作发力的顺序应是先压后送，下压多于前送，并注意借助来球的反弹力量还击。

（2）站位近台时，向下用力要大一些；在远台击球点很低时，可以增加向前的力度，来制造适宜的回球弧线线路。

5. 削转与不转球

要点：

和发、搓转基本相同，不同之处在于动作幅度必须加大。

因为削转与不转球基础是削加转球，所以在此仅介绍削加转球的动作。

6. 削加转弧圈球

主要特点：

击球时间比较晚、动作变化大，应善于通过腰、膝力量，利用球的反弹力制定适宜的回球弧线。

要点：

（1）正手削加转的弧圈球：身体略微向右转，手臂向右上方拍，前臂起，球拍适当提高。球在下降前中期时，拍面垂直(甚至可略前倾)，击打球的中部偏下并摩擦。而身体需要向左下方转动，用上臂带动前臂向下发力。

（2）反手削加转弧圈球：与正手动作基本相同，方向相反。

注意事项：

（1）向上引拍的幅度要大才好，这样才能够有足够的距离来进行加速。通常击球点应在右腹之前。

（2）整个动作的顺序应该是：压、削、送，通过来球向上的反弹力进行回接。在触球瞬间手腕保持固定，控制好拍形。

（3）击球时屈膝要大一些，以利用身体重心来保持动作的稳定性以及增大削球的力量。

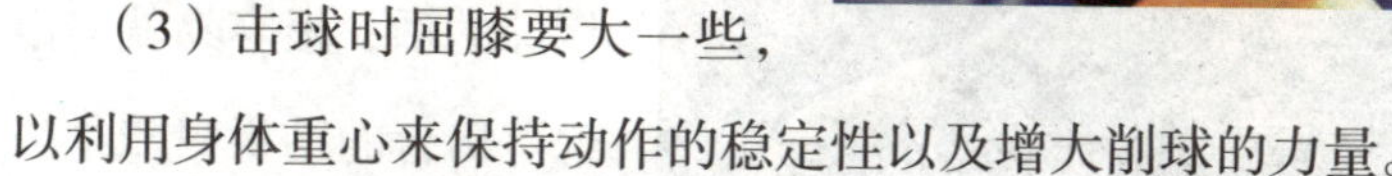

7. 削前冲弧圈球

主要特点：

既要抑制来球的上旋转，又要看清来球的前冲。

要点：

（1）正手削前冲弧圈球：身体保持向右侧偏，手臂向右上方引拍，前臂提起，将球拍引到身体右后上方时，近似垂直。当来球跳到下降前期时，身体向左转动，在上臂带动下前臂向前下方用力将球削出，击球中部偏下位置。

（2）反手削前冲弧圈球：与正手削前冲弧圈球相似，但方向相反。

注意事项：

（1）削球时应加强挥拍打球的瞬间速度，以使回球的旋转

强且转速快，让拍摩擦球而不是“球撞拍”。球撞拍的效果只能实现球原路返回，或是直线出击，而不会出现弧度比较大的球路。只有通过不断变化球路，来给对方造成干扰，而且对于旋转球，如果采用不注意的方法接球的话，很容易就会出台。出台的结果只能是失分了。

（2）应选择适合的击球时间，防止击球点太低，难以调节拍形。

## 拱、推挡技术

拱球是一种相对来说专业的乒乓球技术术语，也许球友并不熟悉，可是在实际运动中说不定已经使用到了。什么是拱呢？有些类似正胶推下旋，但拱球时，球拍拍面后仰，在上升期或高点期，触球中下部，手腕调节拍型，手臂向前下方发力。回球发飘且下沉，使用虽有难度，但得分较高。

拱球的特点和作用主要有以下：用长胶拱出的球具有一定

上旋幅度，并且会发飘，对方如果不熟悉它的特点，就常会回出高球。用防弧胶皮拱出的球，速度不是很快，但球到对方台面后会有些下沉，对方一个不小心，就容易接球下网。在接发球时或在对搓中突然运用拱球，往往能使对手措手不及，直接得分；或回球过高，为自己进攻创造更多的机会。

小贴士

1. 击球前，站位近台，手臂略提起，向后上方引拍。
2. 球拍触球的中下部，是长胶拱球的一个显著特点。
3. 长而不转的球，不宜运用拱球。

长胶本身就有其特殊性能，它的技术特点有其自己的特殊性。拱这种打法在长胶打法选手中运用非常广泛，很有代表性。

在乒乓球技术中，“拱”这个名称主要是用于重要打法中的，其他打法中则没有这样的术语。尽管从动作上很有点类似正胶以及反胶的推挡，不过运用的时机以及产生的效果却跟推挡有很大差别。推挡主要用来对付上旋球，一般情况下，

如果没有明显的变化，推过去的球与来球的旋转性质是一样的，也就是说过来的球如果是上旋，而回击过去的球仍然是上旋。而长胶的拱球运用最多的是应对下旋球，主要是用在前三板的球来对付搓球以及下旋的发球，或者是相持中削过来的球。它的整个技术是以自我发力为主，我们可以把它算作长胶的进攻技术。

在回球方面，下旋来球速度一般比较慢，对球拍的冲击力比较小，这个时候长胶的性能又体现在自己发力后的特征。受到拱的技术局限性的影响，其发力中等偏下。在这种情况下，球在拍上时，首先是底板胶皮的力量比较小的弹力，继而使颗粒恢复原状的弹力，球在弹出的时间上、节奏上、旋转上都会有所不同。与正胶和反胶相比，球在拍上停留的时间比较长，显得出手会很慢，球出手后，前部速度是比较快的，也很有突发性的感觉，当过网后，球突然会慢，而在落台后的第二个弧线上，几乎就没有了冲力，而有时是会感到直接往上跳，会造成不一样的节奏感，在运用拱回击下旋球的时候，过去的球都将没有旋转，使人产生反旋转的错觉，而且弧线比较平直，乒

乓球在空中运行，没有一定旋转的球受到空气的阻力影响，会产生飘动现象。如果不熟悉，常常会对不准球，从而找不到合适的击球点，造成失误。对手在这种情况下很容易会到台前来，而且时间不多，所以即使能接到球，也给自己处理下一步球建立了比较长的准备期。

拱的动作特点是：两脚基本平行站位，当球过网时，向身前引拍，球拍呈半横状，拍面与地面保持直角，当球从本方跳动的时候，向前迎球，在最高点附近，击打球的后中部，同时向前右侧上方发大力（以右手为例），这个时候球拍由球的后中部稍微向右侧上方摩擦。从而让球略带右侧上旋。它会制造一定的弧线，增加准确性。整个动作的关键点：一是要把握好伸手的时机，出拍太早是常见的错误，导致发不上力；二是以前臂发力为主，手腕保持相对固定。在我们平时的练习中，向侧摩擦的成分需要逐渐减少才好，增加向前用力的比率，增强球的威胁性。而且要特别注意拱与其他技术两拍之间的结合练习，如拱后攻，拱后磕，拱后挡等，一般情况下，对方回击拱球来球与上一次来球的区别比较大。

推挡球则是另外的一种技术了，它也是一种乒乓球运动技术名词。是以球拍推击球的一种技术。有挡球、快推、快拨、加力推、减力挡、推下旋、挤推、拱推等。特点是站位近，变化多，速度快，动作小，在相持或防御时使用能起到调动对方和助攻的作用。

1. 挡球

动作要点：击球前，前臂与台面尽量保持平行靠近来球。球拍在触球时，前臂和手腕靠前移动，借助来球反弹力来将球挡回。拍面保持垂直状态，在来球上升期击球中间部位。特点是力量极轻，球速慢，动作简单，而且易掌握。

2. 减力挡

动作要点：在接触球瞬间，球拍前移的动作突然停止，同时也可将球拍后移，用来减弱来球的反弹力量。根据来球力量大小，上旋强度的大小，调节拍面角度，同时控制好触球瞬间球拍后移幅度。它的特点是力量比较轻，节奏非常快，能很好地起到干扰和调动对方移动的作用。

3. 加力推

动作要点：在引拍的时候，前臂向后上方所动的幅度较大，这会使球拍的位置稍高一些，并且根据来球的高度调整球拍的角度。在击球时以手臂力量为主，同时借助右脚蹬地、转腰力量。在来球上升后期击球的中上部位。它的特点是动作幅度非常大，力量重，球速也比较快。若结合落点变化，能够更好地增加攻击力。

4. 快推

动作要点：两脚尽量要平行站立，身体最好是靠近球台。引拍时保持肘关节靠近身体右侧，同时前臂与台面平行。在将球拍后引至左腹前，进行拍面垂直。击球的时候，前臂和手腕迅速保持前伸。拇指放松使拍面稍前倾斜，在上升期击乒乓球的中上部。它的特点是出手快，动作变幻莫测。若结合落点变化，则更能起到调动、控制对方的预期作用。

5. 快拨

动作要点：站位在靠近球台的地方，两脚要保持平行。引拍时手臂尽量弯曲，前臂旋内侧并后延，将球拍放到腹前的左侧。在击球的时候，肘关节尽量内收，前臂旋外向右前方挥球拍，手腕伸展使拍面稍微向前倾，在上升期间击球的中上部，并借助来球的反弹力量将球拨出。特点与快推类似，但更便于回接一些弧圈球。

6. 推下旋

乒乓球运动推挡球的一种。适用于对付上旋不强、力量不大的来球。动作要点与快推相似。其区别：击球时，前臂向前下方推出的同时，手腕用力向下做推切动作，以加大球的向下旋转的力量。在高点期或下降前期击球的中部偏下

部位，拍面稍后仰。特点是球速较快且略带下旋，落点长。着台后的弧线下沉，易造成对方推击后下网。

7. 拱推

使用直拍长胶的运动员运用比较多。主要用于回接下旋球。动作要点是：击球时，拍面后仰或稍后仰，在来球的高点期或下降前期击球的中下部，向左前上方或右前上方发力（视击球路线而定），并有摩擦球的动作。特点是节奏变化快，能起到助攻的作用。

8. 挤推

动作要点与快推相似。其不同之处：引拍时前臂上提，将球拍引至身体前上方。击球时，伸腕动作的幅度较大，在来球的上升期击球的左侧中上部，手臂向左前下方挥拍。特点是弧线低，角度大，且带有侧下旋，能加大对方的回球难度。是对付弧圈球的有效方法之一。

### 快撕、反剃、反挡技术

所谓快撕就是指在近台处进行快速地冲击，使对手没有时间来应对。这个动作比较隐蔽，以借力为主，而且是在对上旋球而言的。当对方的球在上升阶段时，前手臂迅猛发力，让球拍摩擦球的中上部，通过这种摩擦方式让球的速度更快，对手更难琢磨。虽然看起来力量不大，不过由于速度实在太快，会给对手造成很大麻烦。



反剃是防弧圈球的一种手段，这项技术主要建立在反带弧

圈球的基础之上。反剃弧圈球与反带球有一定区别：反带对球摩擦少一些，而反剃发力的成分多。在反剃时，前臂收缩要快才好，动作要更加紧凑，在借力中要加力。击球时，腰的转动幅度更大，转动速度更快，前臂收缩更快。反剃弧圈球的击球点一般在来球的上升后期，引拍时一定要注意用腰带手，不能向后拉手。虽然反剃的威胁很大，但对方回球的速度也会相应提高，因此反剃时身体的重心要平稳，这样才可以迅速还原，保证下一板球的衔接。无论是反带还是反剃，横板选手与直板选手的技术基本一致，但由于握拍的原因，横板选手的手腕运用受到了一定限制，因此，在回球的线路控制上具有更高的难度。

反挡球技术是在乒乓球中运用频率最高的一种技术，它的

练习要点如下：两脚平行站位，身体相对靠近球台前侧。在击球前，两膝保持微屈的姿势，收胸收腹。在击球时，球拍由后向前，球拍触球拍面时和球台面近乎垂直，在上升时期击球的中部，借助来球的反弹力将球挡回去。在击球以后，迅速回还原位保持，准备下次接球。

## ❖ 乒乓球的基本步法

### 单步

单步是乒乓球练习中最基本的动作之一，乒乓球运动步法的一种。指以一脚的前脚掌为轴，另一脚向前、后、左、右某个方向移动一步的步法。特点是移动范围较小，重心较为稳定。

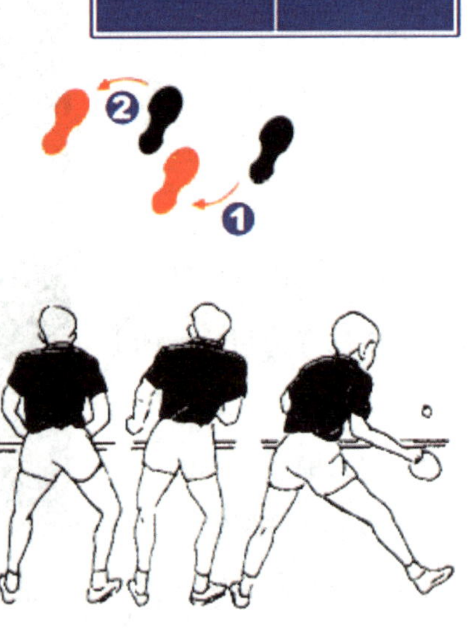


适用范围：

1. 接近网小短球。

2. 削追身球。

3. 单步侧身在来球落点位于中线稍偏左位、对推中侧身突袭直线或对搓中拉球时常用。

### 滑步

整个步法几乎不离开地面，就像是向侧面滑行一样，所以叫滑步。（以向右为例）第一个步骤：右脚向右自然点出去；第二个步骤：在右脚着地同时，左脚需要向左用力蹬地（注意是向左蹬，而不是向上跳），然后迅速向右脚合拢，合拢后左脚需要先落地；第三个步骤：最后右脚控制着落地，保持准备时的两脚的宽度，也就是教学中的两脚同肩宽。在第二步中落地前，两只脚要有一个非常短暂的同时飞空的动作，这样才能保持步法移动迅速，注意两脚只能稍稍离开地面一点，不能直接向上直接跳起。移动时注意只是动脚，身体不要乱动。转腰可在步法练熟后加上，步骤是:跑动中向后转起，跑到位转到位，然后挥拍击球时再向前转。步法练熟以后，或者说重心比较稳定以后，可以省去第一步，只用第二步和第三步。

### 跨步

跨步在球离身体较远（一般指的是一步以外的距离）且来球速度较快时使用。移动时主要靠移动方向的异侧腿、足的屈肌群，足的足心肌肉的收缩发力蹬地，移动方向的摆动腿，足的伸肌群收缩发力。支撑腿的膝关节由屈到伸，摆动腿的膝关节由伸到屈。在移动时，腿髋先发力，并协调两腿发力。移动时应注意跨出的摆动腿步幅不可过大或过小，支撑腿与摆动腿的膝关节由屈到伸或由伸到屈的顺序和用力不当。

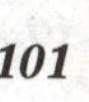

### 交叉步

交叉步主要分为正交与反交两种交叉方法。

1. 正交叉步

正交叉步移动范围比较大，一般在侧身攻后扑打右方大角度球的时候用。削球手在回接右方较大角度球时也会使用。在身体移动时，首先腰、髋迅速转向来球方向，转动幅度较大，这个时候两脚迅速蹬旋，异侧脚内旋。在同侧膝关节外旋时，异侧膝关节旋内，两膝保持弯曲，先以靠近来球方向的脚作为支撑点（同侧脚），使远离来球的脚（异侧脚）迅速左右侧向同侧脚方向并跨出一大步，而支撑脚则跟着前脚再迈一步。使用这种步法移动时，应注意迈前脚与旋腰、挥拍、击球动作要同步进行。

2. 反交叉步

这里主要强调的是“反”。一般是击球选手从正手位向反手位大范围移动攻、削时使用。移动时，腰、髋要迅速转向来球方向，做好两脚、膝的蹬旋动作，同侧膝关节旋外。以靠近

来球方向的异侧脚为支撑，远离来球的同侧脚迅速向异侧脚跨出，然后异侧脚跟着前脚的移动方向再迈出一步。在完成这个动作时,要注意迈前腿与转腰、挥拍、击球同时进行。

### 结合步

结合步主要指球手通过各种脚步的步法，不断进行相互利用的方法。相互步法之间是否连贯，在比赛中非常重要。所以需要大家不断地去进行练习，只有把这些基本的步法都记住了，才能在比赛中运用自如，否则只能是记住了这个动作，而忘记了另一个动作，每当有来球时，还要思考运用哪种方法，这样效率就低很多了。

结合步需要不断地琢磨相互之间的联系，通过连接，把所有的动作串起来。

### 还原步

还原步简单地说就是在击球以后回到自己原来的姿势与位置，这一点是非常重要的。其实还原步是乒乓球运动中极有难度的一个环节，尤其是有较多的新手在连续攻球后兴奋，而难以及时回到原来的位置上，这样会影响自己下一拍的发挥，同

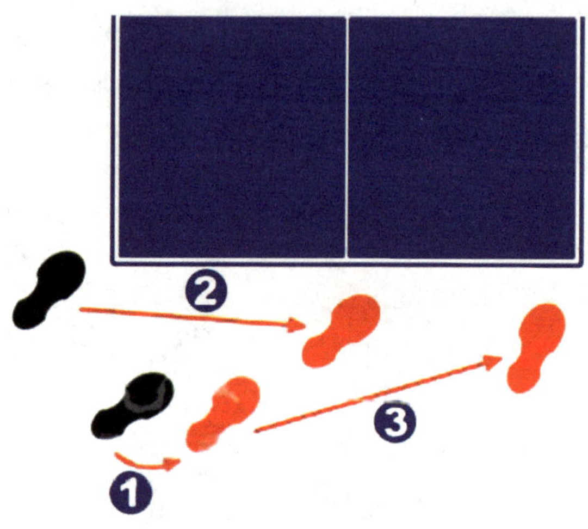


时也能让对手更能抓住机会，进行制胜。那么究竟是在哪些方面没有做好，问题就在于还原。如果想做好很好的还原，就是要在开始击球时就对自己的力量还有幅度进行有效的控制，只有控制好，才能及时回收，快速准备下一球。很多运动员在打兴奋后，就会用全身的力量去打球，仿佛一球把对手打死，但

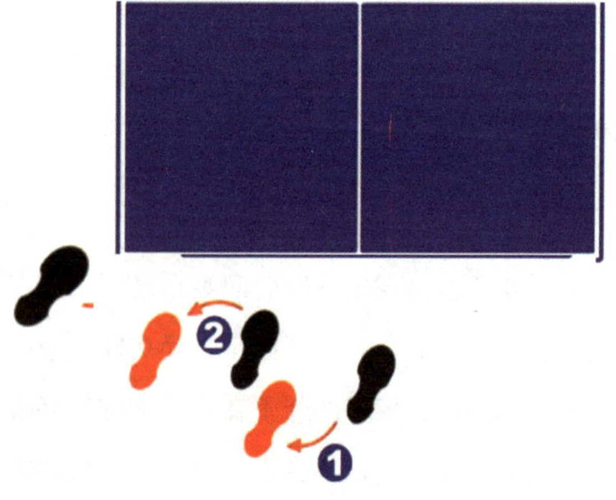

这是有风险的，那就是万一对手化解之后，回球将很难接好。

一般来讲，还原主要包括两个部分还原。首先一个是站位还原，另一个是重心位的还原，我认为重心可能比位置更加重要。站位还原其实就是指在大范围移动后回到原位置，从而能掌控整个台面，不至于完全失位。而重心还原则主要是指在较小范围进行移动后，只是通过迅速调整身体的重心，将手臂放松并放回身前原来的位置就可以，但是这种重心的还原是极其重要的，它能够及时通过调整、稳定身体来快速地进行下一拍的击球。在其中，手臂是很重要的，手臂的放松是为了让自己的肩和臂得到暂时的休息与调整，并为下一次击球做好充分准备。

### 后移步

所谓后移步主要指通过对身体的不断调整进行与球有距离变为没有距离，是一种典型的动作方式。它主要分为主动型与

被动型。主动型的后移步是为了收得更多，这样才会有时间做出更多的调整，下拉、反冲都将是接下来的动作。

那么被动型后移步主要指的是在对方的球路已经确定的情况下，自己与球的距离过近，这个时候，只有通过后移步才能再次与球进行接触，否则球就下台了。无论是哪一种，后移步的主要方法是通过单步后撤的方式，进行接球。

## ❖ 乒乓球的基本战术

### 接发球战术

接发球战术与抢攻战术一样重要，接发球水平的高低可以反映运动员的实战能力和各项基本技术的应用程度。事实上，接发球者只是暂时处在被控制的状态，如果你破坏了发球者的抢攻意图或者为他制造了障碍，减弱了对方抢攻的质量，也就意味着脱离了被控制的状态，变被动成主动了。控制和反控制是辩证的统一。

1. 接急球

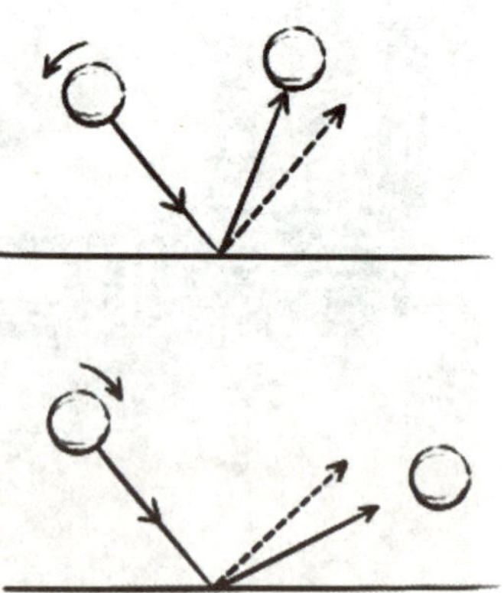

什么是急球呢？前面已经讲过，所谓急球是指对方发出的球速度非常快，而且一般是沿直线行进，具有角度大、速度快的特点。

回接急球时，注意的问题

比较多，重点是对球路的把握，如果球路把握不到位，就正好落入对方设置的陷阱中去了。这个时候站位偏远一点，给自己留下较长的时间做准备，这样判断与启动都有了意识。接急球也分为接正手球与反手球，这两者是不同的。需要注意各自的区别与联系。接正手位的球，都以点、攻、冲为主；接侧旋急长球，以拉冲为主；接反手位的球时，多以快推、快拨对方大角度或用反手攻和侧身点、冲方法。

2. 接下旋球

下旋球的速度也是比较快的，但它的特点不是快，而是由于球的旋转不确定而导致的方向不确定，让球路充满着意外，很难做出一个最正确的判断。对具备一定水平的乒乓球运动员，接下旋球时，一定要积极主动，要加大回接质量。如对方发球旋转很强，就要用摆短、劈长方法回接，还要加大回接的旋转和落点难度。

3. 接左、右侧上、下旋球

在用正手发球时，利用侧身发球，可以让球产生左侧上、下旋。但由于腕部的甩腕幅度不同，也会出现左侧旋球与右侧旋球。在这其中还有以旋转落点为主或以速度落点为主之分。

在直握球拍接反手位斜线的长球

时，步法动作要快，准备充分，通过抢时间进行抢拉，这样才能有回旋的余地。当然，回接反手位侧旋或侧上旋球，用推、拨、挤或反手攻的方法都是有效的，关键是推、拨挤攻的质量，要求在不失误的前提下，速度快、力量大、落点刁钻。

### 对攻战术

如果两名进攻型选手在相持时，形成了对攻的场面时，常采用此战术。

1. 压对方反手，等待机会正手攻或侧身攻

适用范围：

（1）一般用于应对反手较弱或进攻能力不强的选手。

（2）在压对方反手时，可用推挡、反手攻或弧圈球。

（3）压对方反手准备侧身位以前，需要主动去制造机会，而不是守旧地在那里等待。或突然加力一拍，或攻压一拍中路，尽量避免没有目的性的侧身。

2. 压左调右

适用范围：

（1）在自己反手比不上对方的反手时，主动变线。

（2）当对方侧身位攻势非常强烈时，用变其正手的方法，这样做既可偷袭，还能够可牵制对方的侧身位进攻。

（3）对付那些正手位攻击力不够强的对手。

（4）当自己正手好时，可以主动变对方正手后等待机会正手攻。

（5）自己反手攻击力很强时，可以在变对方正手位时强行主动得分。

（6）左手执拍的选手善于运用此战术，因角度非常大，右手握拍的选手容易处于被动。

注意事项：

（1）变线之球有质量。如推挡变线应该再狠一些，这样即使对方跑过去，也会难于发力，从而让自己侧身位抢攻就容易得手。

（2）在练习与比赛中，避免习惯性变相同的线被对方适应，反会被动。

（3）应主动变线避免被动变线，这样易给对方提供抢攻的大好机会。

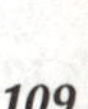

3. 压左等右

这种方法多在对方运用压左调右战术中使用，紧压对方反手位进攻，等待着对方来变线，从而自己用正手抢攻。运用该战术时，压对方反手要凶些，否则对方变线较狠，自己往往被动。

以上几个战术结合运用效果更好。比如，对方反手比较弱、准备不足时，先使用压对方的反手的进攻方式；但如果对方注意了反手，或运用其他侧身方式时，就应做出改变，利用变对方正手的战术技巧。而当自己在反手位效果明显后（包括侧身攻），对方也能看得到，他一般会变线到自己的正手位，这个

时候也应该随着对手的变化而进行调整，此时自己又应采用压左等右的方法，多种战术同时使用。

4. 调右压左

主要方法：

可以先打对方的正手位，将其换到正手位时并被迫离开台

面后，再攻击其反手位。这个时候要注意，调正手位的这拍球要狠一些，否则易被对方攻击。

适用范围：

（1）当对方对左半台进攻能力很强时、压对方的反手位占不到便宜时。如我国选手球员在对付侧身抢攻的单攻选手时经常运用此战术。

（2）在对付正手位的进攻能力很弱时，或者反手位只能是近台、不敢擅离台的直拍快攻选手时。欧洲选手使用这种战术的居多。

5. 压反抢攻

用加减力量来压对方的反手、中路后，迅速地抢攻，用于对付站位中台的两面拉（攻）的运动员。

运用这种战术时，一般应先用推方法将对方气势压下去，

再用减力挡的方法将其引上来，然后等待机会加力扣杀。如果只有减力挡，没有加力推，就容易变主动为被动了。

### 拉攻战术

拉攻战术在平时的训练中非常常见，它的主要特点如下：

连续运用正手快拉创造进攻机会，然后采用突击和扣杀来作为得分手段。拉攻战术是快攻打法对付削球类打法战术之一。

主要方法：

1. 正手拉后扣杀。

2. 反手拉后扣杀。

注意事项：

1. 拉、扣的力量要有较大的悬殊以使对方来不及反应。

2. 拉球要有线路和落点变化以调动对方，争取主动和创造进攻机会。

3. 遇到机会球时要大胆扣杀或突击。

4. 采用拉攻战术要有耐心，不要急于求成，对没有把握的机会球要过凶。

### 搓攻战术

主要运用“转、低、快、变”的搓球控制对方，以寻找战机，然后采用低突、快点或拉攻等技术展开攻势并进行连续进攻；在搓球中遇到机会球时进行扣杀，常常带有突然性，往往可以直接得分。搓攻战术是乒乓球各种打法都不可缺少的辅助战术。

主要方法：

1. 正、反手搓球结合，正手快拉、快点、突击或扣杀。

2. 正、反手搓球结合，反手快拉、快点、突击或扣杀。

注意事项：

1. 搓攻战术既要尽可能早起板，以争取主动，但又不能有急躁情绪，否则，起板容易失误。

2. 在搓球中遇到机会球时要大胆扣杀，这是搓攻战术的主要得分手段。

3. 在搓短中摆短，可使对方不易抢先进攻，故有利于创造进攻机会，以便伺机用正、反手或侧身进攻。

## 削中反攻战术

我国乒坛名将陈新华以及第 43 届世乒赛男单冠军丁松成功地运用削中反攻的战术创造了辉煌，令欧洲选手手足失措，无以应对。这种战术主要靠稳健的削球，限制对方的进攻能力，

为自己的反攻创造有利条件。它不仅增强了削球技术的生命力，也促进了攻防之间的积极转化。

常用的削中反攻战术主要有：

1. 削转与不转球，伺机反攻。

2. 削长短球，伺机反攻。

3. 逼两大角，伺机反攻。

4. 交叉削两大角，突击对方弱点。

5. 削、挡、攻结合，伺机强攻。

### 心理战术

心理战术要一个球一个球地执行，每球必争，每一个球都能不随意。坚定每球必争的信念，可以帮助你把注意力迅速转移到当前这一个球上，全神贯注打好每一个球（领先的时候这一点尤为重要，绝不能让对方轻易得任何一分）。领先的时候每一个球都不放松，落后的时候每一个球都不放弃，领先被追

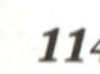

上的时候要咬牙顶住，僵持的时候更要每球必争、每球必算，敢于变化，胆大心细。

放松，从身体开始，然后是心神。身体放松的目的是实现利用重心打球，手放松。心神放松的目的是保证击球瞬间的精力集中。

对对方的出手方式要做好预判和准备。比如，变对方正手时，要向自己的正手位偏后位置适当移动，准备防对方打回的正手位斜线长球。发长球后要适当退台，因为对方回球也往往较长。回球质量不高时，要向中间偏后位置移动，以防对方的进攻。对方发自己正手位球时，要先移动和调整重心，再根据来球长短引拍。

动作能简单就简单一点，预判能多充分就多充分。

落后时必须要变，哪种方式不行，必须放弃。比如，搓不行，就得先上手，但绝不能追求一板过的发死力（容易失误，而且对方防回的话基本必死），打角度、落点，占据主动，不让对方轻易打出高质量的进攻即可。

发球时要揣摩对方心理。对方保守时要敢于发长球，发追身球（一般用于最后关键时刻）；对方精力集中时就发简单的球（一般用于开局和熟悉的对手），等对方习惯简单后再突然变化；在对方准备短球的时候发底线长球；对方进攻下旋失误较多时敢于发看似下旋的不转球；对方大意时要发看似不经心但暗藏威胁的球；对习惯搓球加转、拍形较平的人多发不转球。

### 发球抢攻战术

利用发球抢攻战术时应该注意以下几点问题：

第一，注意发球和抢攻的配合。

发球时首先要明确对方有可能怎样接并且接到什么样的位置、自己如何抢攻等。一些欧洲选手在发下旋球到中国快攻者反手位时，然后抢拉弧圈就会显得十分有利。中国快攻选手把下旋球发到弧圈球选手反手位时，对方抢拉，或搓一板下旋，中国快攻运动员则往往处于被动地位。

第二，注意发球抢攻和其他战术的结合使用。

现在接发球的水准越来越高，在接球时难度是很大的，而且想要再抢攻就更难了。此时需要先控制一板，争取抢到下一板抢攻。不能想发球后就立即进行抢攻，一旦没有机会，或没有目的的抢攻，则显得有些急躁，这样都会在形成相持球后的被动。

第三，注意提高发球的水平与质量。

将球的速度、旋转以及落点的变化配合起来。同时应特别注意发球方式的创新，为抢攻创造更多的机会。当前应特别注重克服发球种类出现高抛、发球落点不长不短等现象。

第四，抢攻应大胆果断。

不管对方用搓、拉，包括弧圈球等技术在接发球方面，自己都要尽可能去抢攻。抢攻技巧得当可以增加发出球的威力。因为对方在接发球考虑得比较多，所以就能够更多地打出机会。

第五，每个选手应有两套十分突出的发球抢攻技术，多而不精或者只有一招都不好。

几套具体的发球抢攻的战术：

1. 正手位发转、不转球后的抢攻

一般在以发到对方中路或右路短球为主，配合左侧的长球

使用。开始时可以先发短的下旋为最好，来抑制对方不能抢攻，也不能抢拉，而后再发不转球作为抢攻。不转球，一般也以先发短球为好，或者是发到对方攻势较弱的一侧，如果对方接球，还可发一些长球到他的正手位。若能发到似出台而又没出台的落点，则效果会更好。欧洲弧圈球运动员，一般是发不转球至直拍运动员的左侧，或是中路近网的位置，而且配合左长下旋。这是因为直拍型选手反手在遇到强烈下旋时一般不敢起板，只能进行以搓回接，而欧洲选手则正好抢拉弧圈。同时也可有计划地发一些短球后，先快搓两个大角的长球，再等待机会进行抢攻或抢拉冲。这样，既能够避免盲目抢攻，还可打乱对手接发球后抢攻的战术，同时也是应对防守的战术。

2. 在侧身使用正手发低抛左上、下旋球后抢攻

侧身位使用正手发高、低抛左上、下旋球，它的落点为发

到对方中左短、左大角位置，或是中左长、中右侧拐弯飞行正好到对方怀中和右短，再配合一个直线奔球，就可以很好地抑制对方。

左手握拍的运动员采用此套发球抢攻的战术，威胁更大。他们多用侧身发高抛到对方右侧近网位置，对方轻拉到反手，就可用推挡狠压，也可用侧身攻一板直线，或直接得分，同时为下板球的连续进攻制造机会。若对方来一板正手位球，则可用正手攻一斜线到对方反手。近年来，由于高抛球的利用比例越来越高，但又没有什么新的发展方向，所以它的用途已大不如前。在为增强高抛发球的效果中，除了应该使其本身有所发展以外，还应该强调和低抛发球等其他方式的配合运用。

3. 反手发右侧旋后抢攻

这一战术非常适合擅长反手位进攻的运动员运用。一般多发到对方中右侧近网位置，或是半出台落点，而后用正、反手来抢攻对方的反手位置。也可发长球到两个大角。在发至对方正手时，对方经常会轻拉直线球，可

利用反手抢攻斜线。如果发到对方反手位，还可等待机会进行侧身抢攻。

对付横拍削球手，以发到中右半出台为最佳。这是由于横握拍用正手接右侧旋发不上力，控制能力低。反手发右侧上、下旋，尤其要强调出手动作快。一般来讲，对方接发球的一般规律是，你发短球，对方接短。发球抢攻者首先应该培养自己在这方面的意识。

4. 反手位发急球后进行抢推、抢攻

这一战术在运用时，可分两种情况：

（1）反手位发急上旋球到对方反手后，侧身抢攻。这种技术要求急球要发得快、力量要大、线路要长。最好能够有一个直线急球来配合。

（2）擅长反手位推挡的运动员，或遇到对方反手位推攻比较差的运动员时，可以发急下旋球，而后利用推挡紧压的方法打到对方反手位再等待机会侧身进攻。为了增加以上战术的效

果，可以和发右方小球相配合使用，用长短互相牵制，相得益彰。

5. 反手位发高抛右侧上、下旋球后的抢攻

一般以发到对方正手位或中右近网为主要方式，可以配合发两大角长球，伺机抢攻。

6. 下蹲式发球后抢攻

可以将左侧上、下旋，右侧上、下旋球配合运用，但在落点上应有长、短相互变化。对付只会用搓接发球的运动员，应该以发上旋球为主。抢攻落点则以中路为最好，一般可直接得分。当然，还要关注灵活变化，来攻击对方弱点或采用声东击西的战术。

## ❖ 乒乓球的打法和技术风格

### 打法的产生和发展

20世纪20年代至40年代，乒乓球器具使用木拍、胶皮拍，只能采用挡球、搓球、削球几个简单的技术，更说不上什么战术运用，防守型打法在当时占主要地位。20世纪50年代，由于海绵拍的发明、运

用，产生了快推、加力推、减力推、慢搓、搓转与不转、快攻、拉攻、扣杀等打法。防守削球也发生了比较大的变化，有旋转与不转等，更发明了长胶倒板打法。20 世纪 70 年代，弧圈球技术进一步发展，创新了加转和前冲及以弧圈球技术为主的战术。这种快攻打法正手的快带、拉小上旋、盖打弧圈等和反手的挤、推下旋、摆短等使技战术不断丰富和创新。20 世纪 80 年代和 90 年代，快攻、弧圈球和削球打法技术更加细化，如弧圈球在加转弧圈球、前冲弧圈球外，更有侧旋弧圈球、真假弧圈球。攻球也有挑、点、拉、撇、拨等。削球除了运用逼角、转与不转外，还运用长胶胶皮、防弧胶皮及两面不同性能球拍倒板等增加其变化。同时各种打法的技、战术更加体现出综合化的多功能趋向，如弧圈和快攻打法的结合。21 世纪，乒乓球技、战术变化多样，更加全面。进攻与防守、速度与旋转、力量与旋转的相互渗透，高度结合，使未来高水平的比赛将会出现全方位、立体式的多元化技、战术变化和激烈抗衡的局面。

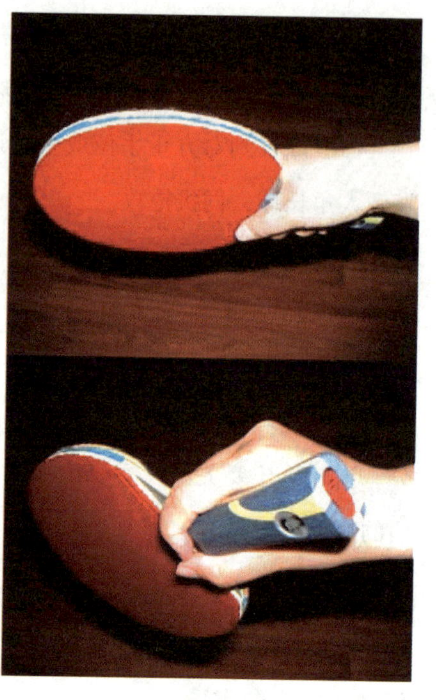

经过了多年的发展，乒乓球的打法已经相对发展成熟，运动员相互之间的透明度越来越高，要想真正战胜对手已经不是那么容易。对于普通业余爱好者来说，乒乓球的打法一直就是有数的那几种，不断使用这些技巧，对于一般的对手已经能够战胜了。

乒乓球的打法形成不是几年就能完成的，而是经过许多高手不断切磋、不断积累进行的一种总结。未来乒乓球的发展趋势有哪些呢？未来的乒乓球界为了不使中国队出现一直得冠军的局面，势必会对规则进行改革。而对于普通业余爱好者来说，我国的乒乓球发展对于他们来说是好事，因为这样普通业余爱好者能够接触到更多更全面的乒乓球知识与技巧。

## 打法的分类

乒乓球是一项具有多种打法的竞技项目。由于打法不同，所以它的基本技术也不同。乒乓球的技术在基础的角度上一般分为单项技术、结合技术两种。单项技术主要是指各种单一的技术动作，这是初学者要掌握的，结合技术则主要是指各种单项技术的结合使用，这是战术训练和运用的出发点与落脚点。握拍方法与击球动作有着很大的关系。每一个击球动作，都是由手臂、手腕和手指通过配合完成的。所以，较好的握拍方法既要适合自己打法的特点，又不能对手臂、手腕和手指的灵活运用起到负面作用。握拍方法有直拍与横拍两种。这两种握拍法又由于打法特点不同而在具体握法上有所差异。

1. 直拍握拍法

（1）快攻类型握拍法

快攻类型（包括左推右攻和两面攻两种打法）常见的握拍方法有以下三种。

**握拍方法**

横拍握法

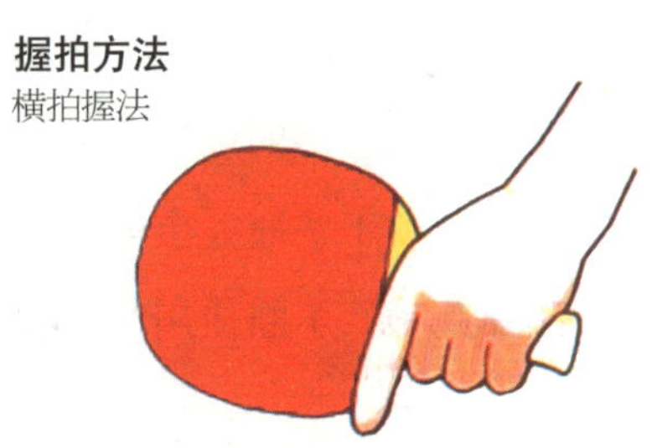

直拍握法

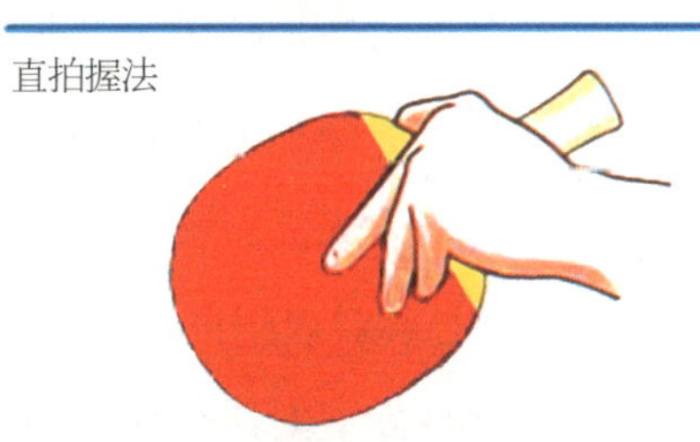

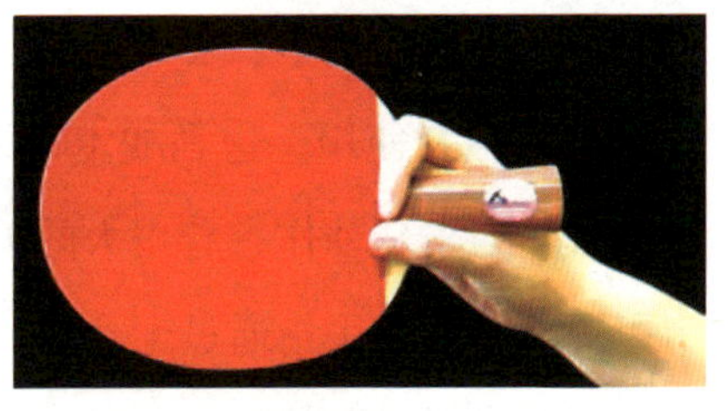

第一种，球拍柄的右侧贴在食指第二关节处，用食指的第二关节压住球拍的右边，食指的第一关节自然向内侧弯曲，拇指的第一关节扣住球拍的左侧。其他三指自然弯曲斜，用中指第一指节顶于球拍背面，以让球拍保持稳定。

这种握拍法的主要理由是手腕灵活，它可以在发球时运用手腕动作，发出动作类似但旋转、落点均不同的球；同时也可以轻松打出斜、直线球路；这对台内球的处理非常有利，由反手位用反手打球后再打正手位的来球路，有利于在正、反手两个技术动作中协调结合。对中路追身球的应对时，手腕可以保持自然下落的姿势，通过用

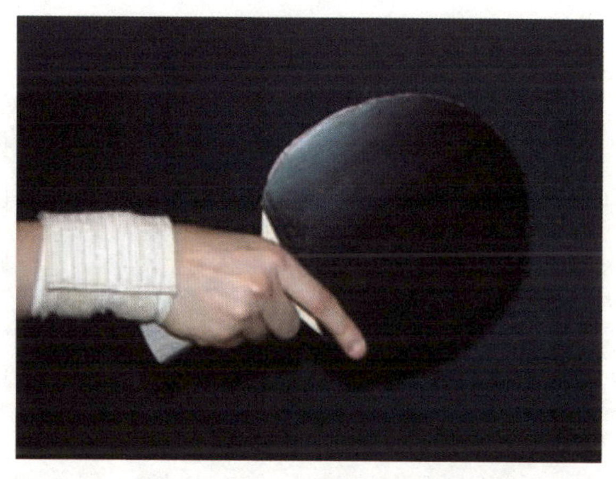

手腕来进行调节拍形，对来球进行合理应对。用这种握拍法进行正手攻球时，拇指与中指协调用力，食指相对放松，无名指微离中指，指尖轻托球拍背面，以保持发力时球拍的稳定。进行反手攻球或推挡球时，食指和中指协调用力，拇指相对放松。用手腕发力时（包括正、反手击球）以中指发力为主，拇指和食指保持拍形的稳定，同时辅助用力。

第二种，握拍的方法与第一种基本相同，但拇指与食指之间的距离较大。

这种握拍法对上臂和前臂的集中发力有作用。因此，中、远台攻球，正手攻球，扣杀球都比较有力。但由于拇指与食指二者之间的距离较大，握拍较深，对手腕的灵活性有一定的影响，对处理台内球、转球、推挡球和追身球不利。

第三种，拍柄右侧附在食指第二、第三关节之间，以拇指以及食指的第一关节扣在球拍的左、右两边，两指间的距离适中，以中指的第一指节左侧将背面托住，无名指和小指压在中指之下，用无名指辅助中指顶住球拍背面，使球拍保持平稳。

这种握拍法一般会被部分两面攻击的运动员所采用，它的优点是进行反手攻球时，提起前臂后拍头朝上，这有利于反手高压打球，使出去的球速度快而且有力。这种握拍法，由于沉手时拍形会下垂，因此，在进攻中路时会非常协调。由于拇指和食指之间的距离比较小，手腕相对灵活，因此，易于处理台内球，对突击加转球也较好，其缺点是对付正手的离身球时，会跟着拍形下降而难以进行高压击球。同时因手腕比较灵活，球拍的形式不易固定。

（2）弧圈类型握拍法

直拍弧圈型的握拍有两种：

第一种，握拍与快攻型的第一种握法相同。它在正手拉弧圈球时，拇指、中指和无名指协调用力，中指和无名指略微伸直，出手击球时较好地保持拍形的前倾。

这种握拍法的优点是手腕比较灵活，正、反手和推挡的结合比较容易，处理台内球也较好。缺点是拍形不易固定，对正手大角度球和扣杀较高的球较难处理。

第二种，拇指贴在球拍左侧，食指轻轻扣住拍柄，形成一个小环状。中指和无名指较直地以第一指节托住球拍背部，小指自然紧贴在无名指之下。这种握拍法，很自然地将手臂、手腕和球拍连成一条线，拍呈横状，扩大了右半台的照顾范围。在正手拉弧圈球和扣杀时，容易发挥手臂的力量。正、反手结合运用时，主要靠前臂带动手腕做回旋动作。缺点是手腕不灵活，处理快攻球、台内球、追身球及反手近台球比较困难。

（3）削球类型握拍法

直拍削球的握拍是拇指自然弯曲，紧贴拍柄左侧，第一指节用力下压，其余四指自然分开托住球拍背面。这种握拍法削球的照顾面较大，正、反手削球时以手臂的转动调节拍形。削中转攻或推挡时，食指要迅速移到前面，第二指节压住球拍右肩；拍后三指则改为自然弯曲托住拍底。

2. 横拍握拍法

在横拍握拍打法中，主要有攻击型与防守型两种，它们的握拍方法基本相同。但从力度上可分为浅握和深握两种方式。

浅握主要指的是以中指、无名指与小指自然而然地轻握住拍柄，拇指贴在中指旁边，压着正面，而食指则需要自然伸直于背面，虎口轻贴拍即可。深握和浅握的基本握法是相同的，但是需要虎口紧贴着球拍才行。对于这两种握法，在正手攻球时需要食指要多用力，同时要把食指向上移，以更好地压拍。在反手攻球、快拨时，拇指就需要用大力。

浅握法的优点是手腕灵活，能够处理多种复杂的情况，对于台内的球处理方式比较多，既可用拉，也可用摆短的方法进行回击。在进攻时，对于低球的起板较容易。采用横握拍的方法时，对于削球、搓球的发球时，旋转幅度比较小，

使对方不易判断，但它的缺点是攻击力量难以控制到手腕上，从而影响发力。

深握的优点则是握拍力度较紧，拍形不易发生变化。在进攻时上臂、前臂的力量能够很好地集中在手腕上，从而使发力比较集中。前冲弧圈球就能够很好地发力。弧圈球相对来说比较好控制，也能够增强旋转。它的缺点是由于握法比较紧，手腕灵活性就会受到影响。在对攻时左、右协调的灵活性稍微差一些。在对于削转与不转球动作的差别上比较明显，动作幅度上的变化容易被对方所识别并熟悉战术。



### 打法的技术风格

每个乒乓球世界冠军都有着自己独特的技术风格，这些风格不代表他们只注重一种打球方式，而是在经过所有技术风格都积累到了一定程度之后，对某一种制敌风格进行进一步增强的方法，来给对手造成更大的压力。

另外，技术风格的使用对于不同的对手是不同的。这就是

乒乓球最大的魅力。未能获得冠军的乒乓球高手，也都有着自己的独特风格。

对于普通业余爱好者而言，首先要练习好自己的基本功，这样才能在不断练习中发现哪些技巧是最有利的，哪些技巧是最能一招制敌的。在比赛或是训练中，乒乓球运动员每一次击出的球都不可能完全一样。

## 各种打法的技术组合

无论是削球还是上旋、下旋，都是单一的乒乓球技术特点，这些技术如果单一运用，能够发现益处，但对于比赛而言，如果只是掌握一种技术，显然是不明智的。最重要的是各个打法的技术组合才能让对手难以琢磨。另外，还要注意进攻型技术与防守型动作相结合，进攻性技术是乒乓球技术中最为重要的一项。其有效地运用是取得比赛胜利的根本保证。在教学过程中，要求学员必须对每一球的落点、线路、旋转、弧线等都做出正确的判断，其次要对进攻技术的整体情况进

行适时调节，以适应不同性质的来球，再次是保持基本动作的稳定，以此完成进攻任务。而防守型技术则是对于来球处理时，如果无法做到防守自己的位置，很容易让对方将自己置于死地。通过这种技术的组合及不断变化，让乒乓球发挥出自己最大的魅力。

## ❖ 乒乓球的基本功训练

### 变换击球线路训练法

1. 单线练习法：按规定的单一线路练习

方法：

（1）按规定的单一线路进行单一技术的练习。如右方斜线对攻。

（2）按规定的单一线路进行两个或两个以上技术的练习，如右方斜线的削中反攻练习。

作用：

（1）学习、熟悉某一单个技术或改进某动作的某些缺点，如通过看右方斜线的中台对攻，解决攻球时用腰腿协调发力的问题。

（2）单一线路上两种或两种以上技术（包括手法和步法）的配合及其战术练习。为加强左半台的进攻能力，可采用左半台对练的方法，在左半台范围内，发球、接发球、搓、拉、攻、挡多种技术配合，并带有一定的战术意识。

注意事项：

（1）在实际训练中，所谓的单线练习，常是针对规定击球区域的练习。如两条斜线经常是以对角半台为界，两条直线往往是以同边半台为界。

（2）即使是单一线路的单一技术练习，也不能站死不动地打球，最起码应有单步或小碎步式的重心交换。

2. 复线练习法：两点打一点的练习

方法：

（1）有规律地变化左右落点。比如，一左一右、一左两右等。

（2）无规律地变化

左右落点。

在以上的练习中，两点打一点者可使用一种技术（如正手三分之二台走动攻）或两种（左推右攻）及两种以上的技术，一点打两点者,可使用一种(如反手推挡)或两种以上的技术(如在摆速练习时，反手推结合反手攻或侧身攻)。

作用：

（1）两点打一点时可提高将几种技术结合起来的技能，如反手推挡与正手攻球的结合、反手攻球与正手攻球的结合等。

（2）可提高步法的移动速度，特别是用一种技术（如正手攻球）在走动中击球时，对锻炼步法的意义尤为明显。

（3）一点打两点者，可提高控制与掌握落点变化的能力。

注意事项：

（1）循序渐进、由易到难。无规律变化的练习难度大，应在有规律变化的练习基础上进行。

（2）陪练者（一点打两点者）击球的速度和落点、角度的变化应适合对方的水平，最好是经对方努力后即可完成，不经努力就可完成或经过努力也难以完成的练习都是不好的。

（3）练习目的不同，应有不同要求，如练习反手推挡结合正手攻时，要求用跨步或并步；练习正手三分之二台走动攻时，要求用并步或滑跳步。

另外，还应特别注意不能用降低技术质量的方法进行敷衍式的练习。如练习推、侧、扑时，不能用勉强的小侧身攻。

## 多球练习法

多球练习的方法主要是培养球员对于球的快速反应能力。

陪练员主要负责供球和提示练习者的动作、击球点、落点等，而练习者根据需要进行练习。练习方法可以分为以下七个步骤。

第一步：

陪练员：固定单点喂上旋球 2 组。

练习者：正、反手攻（各练 1 组，利于动作定型）。在定点攻不同落点（如正手分别攻直线、斜线、中路，

可以练习控制攻球落点的稳定性）。体会不同击球点击球（上升初期、上升后期、最高点、下降初期、下降后期）。

第二步：

陪练员：固定两点喂上旋球 1 组（左、右交替）。

练习者：直拍左推（横打）右攻，横拍正反手转换（有利于提高正反手转换的流畅，增加供球频率可以提高两面摆速。注意控制回球线路落点）。

第三步：

陪练员：固定三点喂上旋球 1 组（右中左、左中右交替）。

练习者：移动中三点连续拉（连续拉到一个落点或者遇直

变斜、遇斜变直）。

第四步：

陪练员：固定两点下旋球交替（一长一短）1组。

练习者：上步摆短后撤步抢攻（搓中抢攻，注意不同落点的练习）。

第五步：

陪练员：固定两点上下旋球交替（一下一上）1组。

练习者：启下旋球后，攻上旋球（练习第三、第五板球的衔接，旋转由下变上的衔接）。

第六步：

陪练员：固定三点上旋推侧扑（中偏右、右大角、左大角交替）1组（30球）。

练习者：反手推（横打、攻），然后侧身攻，接扑正手。（注意步法）。

第七步：第二、第三步变任意交替。

### 帮助练习法

帮助练习法主要是通过朋友、同学之间的帮助，让球员的乒乓球技术水平有较大提高的一种方法。但帮助练习法也并非是不可控的，它的进行依然需要有一定的原则需要遵守。首先帮助练习的陪练者需要有较高的职业素质与乒乓技巧，如果自己的实力不行，那么就起不到帮助的作用了，而且还会将一些不好的技巧动作习惯带给球员。

帮助练习法在一些专业的乒乓球训练中运用得还是比较广泛的。无论是对于各类球路的练习还是对于动作的指导，在帮助中都可以实现。

## 指标训练法

指标训练法与其他训练方法不同的是，需要球员完成一定的指标才能进入另外一个阶段。这种训练方法主要阐明的是循序渐进的方法，这种方法可以让球员时刻注意到自己的水平如何，能否达到要求的水平。通过不断将自己的水平与指标进行衡量，才能知道自己在哪些方面做得还不够好，需要付出更多的努力。

指标训练法在专业运动员训练中使用很多，比如体能测试环节，比如接发球效率环节，比如步法移动到位情况，都需要进行衡量，通过这些指标，教练很容易就能看到每个学员所处在一个什么样的水平，针对不同学员的特点制订不同的训练方法，从而快速达到高手的水准。

## 单个战术练习法

我们前面讲过乒乓球的战术分为搓球战术、拉球战术、削球战术等，这些战术的练习就是需要不断重复战术动作，只有练习过上千遍才能真正将这些战术变成自己的东西，否则只能是眼高手低，自己了解这些动作战术，但一到实际运用时就有可能会出现意外。

单个战术的练习法也是需要通过与陪练员一起完成的，陪练员需要不断发出尽可能相同的球，以使练习者能够针对特定球路进行单个战术练习。

将每一种战术练习都熟悉之后，再使用多种战术结合的方式进行练习。

### 附加装置练习法

在乒乓球的动作练习中，有些可以通过陪练员来完成，但更多的重复动作完全可以通过其他的装置来完成。这些装置一样可以起到很好的作用。下面就简单介绍两种练习法。

1. 击目标练习法

我们经常会看到一则广告，林丹将很多羽毛球都打入了一个筐内，通过类似的方法，也可以增强球员在乒乓球落点方面

有好的控制与把握能力。我们可以在球台的一些位置设置一些点，这些点明显可以突出显示。如果不能采用人为陪练的方式，目前市场上有机器发球的装置，这种装置可以实现快速、准确地发球，有利于练习者针对某种来球进行特定练习。

当然，击目标的练习法完全可以脱离开球台进行。比如，对着墙面一样可以练习。在一些非台面的空间内同样可以完成这样的练习方法。

2. 升降球网练习法

我们在练习时，很多情况下需要对球网进行更多的关注。如果球网能够适当调整，一样可以对练习起到一种积极作用。这种升降球网的练习方法可以实现低球网与高球网如何过网的方式。

比如，我们在使用拱球时，要拱多高的高度才是合适的，是不是达到普通的球网高度就可以了呢？再比如，我们在使用拉球战术时，如果感觉自己的球不易过网，则可以不断提高球网的高度再进行练习，如果提高以后的练习可以过网了，那么换回原来的球网，则能达到训练效果了。

## 意念打球

意念打球是将心理学的一些内容应用于乒乓球训练的产物。它主要分为五种练习方式，通过这些练习方式可以让高手迅速练成。

假想对手：把对手想象成各种高手，针对不同的对手做各

种手法、步法练习：脑中想象对手击出各种球，自己做相应的回球动作。

纯意念练习：想象对手击出各种制胜球，又想象自己做出各种相应的快速还击动作，这些动作一定是经过考虑之后需要注意在手、脚上做哪些结合。也可仅想象自己做快速手法或步法的练习。

暗示拼抢一分法：可在乒乓球常规练习的任何内容中进行。要求练习者在每分球开始前，心中默念："一定拿下此分！"随之，拿出全身的力量，拼抢此分，力争胜之。

这种练习方法的目的在于高度集中自己的注意力，消除一切杂念，一往直前，一心只想拼下此分球，这种心理状态正是比赛时所最需要的，也是最难得的，一场或一局比赛都是一分一分地打的，抓住每分球，就可获得全局的胜利。

采用此法练习时，必须强调一丝不苟地按要求去做，一般用于比较重要的比赛中。为此，应该让运动员真正清楚此练习的作用，真正信服它，否则敷衍应付式地练习，就难以见效。

边练边想：练球时，利用捡球的机会，有意稍停留一会儿，通过回忆动作，然后再练，如果只是盲目练习的话，反而会起不到好的作用，应回忆正确动作的肌肉感觉，检查击球失误的动作错在哪里，应如何改正。

提高对技术、战术动作表象能力的练习：表象，即以前经历过的实物形象在脑中的反映。运动员看了一个动作或一场比赛后，要求他在脑中能清晰地重现动作或战术变化，重现的形象越清晰越好。这是学习新技术或提高战术意识的重要前提。

乒乓球的打法有很多，但归根结底，它的魅力不在于手上，也不在于脚上，而是在运动员的头脑里，通过这种有意识地打球，才能创造出更多的精彩。

## 其他方法

乒乓球是一种技术含量比较高的运动，它的训练方法远不止上面讲的这些，而是还有很多很多，比如发球、发球抢攻技术与接发球技术的训练方法，再比如接发球配合其他技术的练习，另外，针对不同的场合可以使用不同的训练方法。通过检查性比赛可以对自己的技术特点进行检验，知道自己的弱点在哪里，知道自己的特长在哪里，而通过紧张性比赛可以实现知道自己在正式比赛是否感觉到紧张，如何克服这些紧张的情绪。另外，针对不同的对手，可以进行不同的特定技术、战术的比赛，通过比赛可以实现一些目的。另外还有适应性比赛、让分比赛等多种比赛方法。无论使用哪一种，只要能起到上面的作用，我们就认为它是成功的。

## 乒乓球的技术技巧

### ❖ 乒乓球发球技巧

乒乓球的发球是唯一可以自己掌握的乒乓球技术，也是乒乓球相对来说主要的技术之一。

#### 发球技巧动作要符合规则

单手的上抛动作：上抛高度大于等于16厘米，上抛动作要在球台端线外、高于台面且需竖直上抛。

另一只手的挥拍动作：若按照新规则，需要高于台面，并且要使裁判员和对方运动员能看清将要做的动作。

#### 注意发球技巧的针对性

知己知彼，百战百胜。发球前，应尽可能地了解对方的基

本情况和特点。基本情况主要有：是直拍还是横拍；是左手还是右手；是生胶还是半长胶；是反胶还是正胶；是近台快攻打法还是削攻打法；是初次见面还是熟悉的对手。对上述情况，要做到心中有数。如果有条件，最好通过视频、资料等，了解对方的特长，了解对方发球技术、击球、落点规律和球路。

### 注意发球技巧直接得分

通过学习研究各种旋转发球技术，练就最拿手的发球技术和绝招，如练发回头球、近网边线球，力争发球直接得分。在开局和中局，就争取主动，把比分拉开，这在“11 分制”中显得格外重要。

### 注意为发球抢攻做准备

总体上来说，发球技术为抢攻做准备的宗旨，就是用各种方法提高发球的技术质量，增加对方接球的难度，使对方回球的质量降低，从而为抢攻创造了条件。

具体说来，应注意下面几点：

利用对方的漏洞和弱点，在落点、旋转、力量、弧线上不断地变化，从而增强发球技术的质量，创造抢攻的机会。

研究发球技术的规律，在研究发球技术时，就大体上可以预测对方回球的线路，从而提高抢攻成功的概率。

利用组合发球技术的威力，调动对方。如发近网、短而转的球，组合发底线，左、右、近身、长而急的球，往往能收到事半功倍的效果。

利用旋转的组合，如发近网旋转和不旋转的球，及发近网侧下旋球和“左爆冲侧上旋球”，把球发到对方左边线。这样旋转的组合，使对方感到难以适应，从而控制了比赛的节奏，使攻球频频得分。

### 注意发球的力度

谈到发球的力度，尤其是发球加力，人们常会联想到用力的后果：不是球飞出界，就是球弹跳太高。但是实际上，发加力短球，球又短、又转、又低、落点好；发加力长球，球又长、又急、又转、落在左右边角上，正是体现了乒乓球的艺术性和技术性。它不仅在实践中可以做得到，在理论上也是正确的。只要我们在加力时，控制好撞击力和摩擦力的比例，适当增加球在球拍上摩擦时的长度、减少摩擦厚度、适当延长球在球拍上摩擦的时间，就可以达到上述效果。

### 注意发球的旋转

乒乓球旋转的多样性和由此产生的曲线的丰富性，在所有的球类运动中是独一无二的。那么如何制造出各种各样的旋转，特别是动作相似而性质不同的旋转呢？应主要注意如下几点：

1. 用球拍不同部位击球和摩擦球，发出不同旋转的球。如用拍面下侧与拍面上侧击球和摩擦球，就可以发出相应的转与不转球。

2. 用螺旋线引拍，如果在不同阶段和不同方向击球和摩擦球，会产生不同旋转。下螺旋线方向触球会产生下螺旋；上螺旋线方向触球会产生上螺旋。

3. 用手腕发力方式不同，产生不同的旋转。如果是弹击发力，则不太转，如果是上螺旋线形摩擦发力，则是上螺旋式旋转。

4. 适当增加海绵厚度，增强球拍黏性，可以增强乒乓球的旋转。特别是在使用大球以后，这个问题显得更加重要。

5. 增加合力作用在球拍上的时间和距离。如在发加转侧旋球时，应用靠近拍面右侧的部位摩擦球；如在发不转侧旋球时，应用靠近拍面左侧的部位摩擦球。

6. 动作适当加大，加快摆速，并切得薄。这样在摆速方向远离球心的条件下，摆速越快，击球力量就越大，球拍摩擦球的力量也就加大了，因此球的旋转就得到加强。

7. 动作幅度增大的话，将会给对手以变化莫测的感觉。旋转就是要求球拍与乒乓球的摩擦面在短时间内发生比较大的变动。

## 注意发球技巧的变化

发球技术变化莫测，常使对方不知所措。但是我们常会看到在比赛中，包括一些大赛中，有些运动员，从头到尾只用一、两种发球技术。发球技术单调，落点也单调，常使对方较快就适应，而处于被动挨打的境地。因此，多准备几套发球技术，如正手、反手、侧身发球技术，上侧旋、下侧旋、长侧旋、短侧旋等，充分发挥发球技术阶段主动时机，并在发球时就准备好几套发球抢攻的路线，会使我们处于不败之地！

## 注意发球技巧的创新

不断提高发球技术质量，不断创造新的发球技术，是乒乓球运动发展的需要，也是乒乓球运动富有生命活力的体现。在一种高质量新的发球技术面前，由于对方对它陌生，头脑中尚未建立条件反射。因此，在击球时，感到不协调、不顺手，甚至束手无策，这样就导致发球技术直接得分，或间接得分，这就充分显示了新发球技术的巨大威力。

侧旋技巧球分为左侧旋和右侧旋两种球。拍往左（右）摩

擦球就是左（右）侧旋球。左（右）侧旋球在碰到你的球拍后会往你的右（左）方向飞，所以你的拍要向左（右）倾点，往你的左(右)方接球,避免出界。侧旋球技巧又分为侧上下旋球，上旋就打，下旋可以搓或拧。

### ❖ 乒乓球搓球技巧

搓球技巧是在近球台回击下旋球的一种基本技术，特点是站位近、动作小，回球多在台内进行，也是初学削球必须掌握的入门技术。

**动作要点**（以右手为基本原则）

慢搓：近台站位右脚稍前，持拍手臂自然弯曲。击球时用前臂和手腕向前下方用力，拍面后仰，在下降期击球中下部。

快搓：站位及击球方法与慢搓相同，击球时拍面稍横立，避免出界或回球过高。

搓球技巧的重点、难点是前臂和手腕的挥拍路线和用力方法。

### 教学方法

1. 徒手模仿搓球技巧动作，掌握技术要领。

2. 自己在台上抛球，将球搓过球网。

3. 一人发下旋球，一人将球搓回。

4. 两人对搓中路直线，再对搓斜线。

### 易犯错误及纠正方法

1. 引拍不够致使击球的前臂由上向下动作不明显。

纠正方法：持拍练习前臂和手腕向上再向下做切的动作模仿。

2. 击球时拍面后仰不够。

纠正方法：在下降期搓对方发来的下旋球，体会拍面后仰前送动作。

3. 前臂前送力量不够，击球后动作停止。

纠正方法：两人对练慢搓，体会击球后小臂继续前送的动作。

4. 击球点离身体过远，重心偏后，击球部位不准。

纠正方法：两人近台站位对练慢搓，在下降期击准球的中下部。

## ❖ 乒乓球发力技巧

乒乓球的发力技巧讲究的是对力度的有效掌握。用力和放

松，本来就是“相对”的名词，我们在做仰卧起坐时，腹肌没有放松，放松的是其他的肌肉，特别是背后腰部的肌肉，如果腰背肌肉也一起用力，便会造成前后角力，增加仰卧起坐的困难。同理，拉球收前臂的时候，手臂前面的二头肌努力地收缩，手臂后面的三头肌必须放松，对于这种放松，一般情况下，大家都能很自然地做得很好，可是在急速的打球当中，会因紧张而做得不好，当发大力的时候，更连肩膀也会抽高，手臂不够伸展，造成效率的下降。

# 第四章

# 乒乓球文化传承

## 乒乓球的规则演变

在十余年前，乒坛一直使用的是旧的规则，这种规则的主要特点就是21分制。随着中国乒乓球技术的不断创新，很多冠军都被中国队包揽，为了避免出现这种独大的情况，国际相关组织对于乒乓球的规则进行了改变。

### ❖ 规则有哪些变化

在2000年对于乒乓球的规则进行了比较大的变化，这种变化源于很多国家对乒乓球坛提出的申请。在以下几个方面进行了比较大的改变。

## 大球

2000 年 2 月，在东南亚国家马来西亚举办的国际乒联大会中通过了一项决议，把原来 38 毫米直径大小的乒乓球增加了 2 毫米，变为 40 毫米，有人称“大球”。球的重量增加了 2 克，为 27 克。并在当年的 10 月起开始使用。它的目的就是减慢球的速度，同时减少球的旋转，增加来回球。据专家分析，改大球后，球体重量将增加 8%左右，而体积增大 16.635%。从理论上判断，和小球相比，球的旋转度减弱了 13%，而球的速度则降低了 23%。

## 11分制

2001 年 4 月 26 日，在大阪的国际乒联代表大会上通过一项决议，把原有的每局 21 分制的比赛改为每局 11 分，每轮发球数量由 5 个改为 2 个。原有的比赛方法，比如三局两胜、五局三胜制等，统一改变为五局三胜或七局四胜制。且在 2001 年 9 月 1 日起开始执行。它的目的是缩短比赛时间，同时方便电视转播，增加广告费用。改用 11 分制的比赛以后，比赛时间被明显缩短，但比赛结果的随机性也显著增加。

### 发球无遮挡

同在 2001 年 4 月 26 日，大阪世乒赛期间的国际乒联代表大会上举手表决“通过”了一项发球规则，新的发球规则规定，当球被击中时，发球的选手或他的双打队友的身体或是衣服的任何一部分都不能在球和球网之间的范围内，而且选手的身体或衣服的任何一部分都不能介入由球网与球虚构组成的三角区内，这种规定结束了隐蔽式发球的时代。并且在 2002 年 9 月 1 日起开始执行。它的目的是减少发球带来的威胁，从而增加相持球的机会，用于提高乒乓球比赛中的对抗性和观赏性。

## ❖ 新规则所带来的技战术新变化

从竞赛角度来看新规则的变化，我们知道，它是运动发展到一定程度时的必然产物。任何规则的改变总是会抑强扶弱，在新的规则上推动运动向新一层次均衡发展，国际乒联所推出的三项改革都是很明显的。中国长期雄踞世界乒坛，则首当其冲面临新规则的挑战。其实，新规则的执行并非单单对中国队不利，它同样摆在了世界所有球队的面

前。中国乒乓球协会原副主席张燮林表示，万变不离其宗，每项事物都有一定的规律，现在就要看谁能够更快地去适应这一变化，更快地去掌握比赛的节奏和规律。那么，新规则带来了哪些新的技术变化呢?

### 发球技术变化

无遮挡技术要求运动员要重新研究发球的各项技术，从而改变发球的方法。它包括：

1. 发球者的站位和发球时身体所在的运动轨迹。
2. 发球的动作结构组成和肢体发力的先后顺序和方式。
3. 发球抛球的方向性、角度性与高度性(不得低于16厘米)。

### 相持球技术变化

对发球动作的规定和发球动作的透明化，不仅降低了发球本身的质量，而且还降低了接发球的难度，再加上大球的旋转相应减弱，比赛中吃发球的现象会明显减少，球的来回次数增多，实力球增加(据数据统计，相持球增加了10%至200%)，在相持阶段，各项技术的运用开始变得十分广泛，从而有利于运动员发挥出自己的技术功底以及技术优势。

### 战术意识变化

由于乒乓球发球威胁的不断减小，围绕发球进行战术也逐渐变小。11分制比赛中每轮发球只剩两个，配套战术的运用空间被缩小，回旋的余地不大。相反，球的来回次数增多，相持阶段的战术运用开始显著增加。

### 心理因素变化

这三项改革，缩小了强手之间在技术上的差距，这对运动员的心理提出了较高的要求。能不能以良好的心理状态，在短暂的时间内及时调整控制好自己的情绪，已经开始成为制胜的主要因素之一。

## 大国外交

大家都知道乒乓球在我国的外交史上有着极其重要的推动作用。20世纪70年代初期，第三十一届世界乒乓球锦标赛上，通过一个机会，“银球”与“外交”发生了联系，体育事业的复兴带动了我国外交策略上的转型。国与国之间的关系，如同乒乒乓乓的对垒，在你来我往的挥拍瞬间，进退有方，刚柔并济。

1971年3月下旬，中国乒乓球代表团在很多年没有参加世界比赛后，赴日参加了这一年的世界乒乓球锦标赛。中国代表团本着“友谊第一，比

赛第二”的体育精神，不仅在世界体坛树立了良好的国际形象，还成就了一段以“乒乓”促“外交”的佳话。中国乒乓球队员庄则栋与美国队员格伦·科恩的一段友谊受到全世界的瞩目，为中美关系提供了改善与缓的契机。1971 年 4 月 6 日，中国乒乓球队在日本名古屋向美国乒乓球队正式发出访华邀请。

这一段被称为“乒乓外交”的融冰前奏改变了中国的外交局面，为改善国际关系，增进与世界各国的友好往来，提高我国的国际声望，中国开始更广泛地实施“乒乓友谊”策略，组织了亚非乒乓球友好邀请赛等民间交往活动。在当时的外国人眼里，回旋弹跳、张弛有度的乒乓球是代表中国大国形象的体育项目，开启了了解中国的一扇大门。

通过这样一段美好的往事，让中国的外交从此走上了与以前大为不同的道路，也给中国的改革开放打开了一扇门。

## 乒乓球的文化内涵

乒乓球运动发展至今已一百多年了，如今，乒乓球作为一种普通的体育项目已在全球广泛传播，至少在中国范围内受到普通民众的欢迎。而且这项运动已经拥有了大量的乒乓球专业运动员、教练员、裁判员、乒乓球迷和乒乓球器械、设备等资源，在中国，乒乓球更是被誉为“国球”，其影响力可见一斑。

乒乓球运动的传播与发展，必然形成了乒乓球文化，乒乓球文化引领乒乓球运动的发展，可以说，乒乓球文化是保障乒乓球运动发展的原动力。因此，研究乒乓球文化对于促进乒乓球运动可持续发展具有重要的理论与现实意义，同时，研究乒乓球文化也是挖潜和发挥体育文化作用的重要渠道。对乒乓球文化的科学分类，一方面有助于补充和体现乒乓球文化的定义，另一方面有助于人们更好地理解和发展乒乓球文化。关于乒乓球文化的分类，本研究认为应从三个维度进行展开：精神型、物质型和其形成发展过程。乒乓球文化的精神型，包括观念认识和相关制度。观念认识具体表现在乒乓球的技战术打法、运动价值、社会参与形式以及由此导致的社会影响等；相关制度具体体现在乒乓球运动的管理体制与运行机制、比赛的章程与

规则、比赛的组织与规划、比赛的奖罚措施等。乒乓球文化的物质（有形）型，包括器材和设施。器材主要包括球拍、球鞋、运动服饰、球、球台、计分器、专业桌椅以及科研仪器等专业器材；设施主要包括乒乓球馆及其附属的照明、视听、休闲、办公等设施。此外，还包括给乒乓球运动专门开辟的场地、博物馆、纪念雕像、主题展览等相关设施。乒乓球文化的形成发展过程，主要包括乒乓球发展过程中形成的审美意识、历史价值、运动过程的形成。那么它主要有哪些特性的文化内涵呢？

### ❖ 参与性

乒乓球作为一种体育运动项目，具有广泛的社会基础，它受到了很多人的喜爱。是老少咸宜的一项大众运动。人们不仅能够观看乒乓球比赛，更能够积极参与到该项运动中去，切实体验乒乓球文化具有的各种功能。

### ❖ 健身性

无论是老人还是孩子，都可以通过这项运动达到健身的目的。它的健身性主要体现在随时随地，只要是有球台的地方，有两个球拍就可以完成健身练习。

### ❖ 娱乐性

随着我国经济社会的不断发展，人们生活水平的日益提高，普通人的消费结构发生了很大的变化，乒乓球运动作为人们闲暇时间的娱乐活动不断丰富着人们的普通生活。人们不仅在运动当中体验着身体和心理的快乐，而且在此过程中可以广交朋友满足社会交往的需要。无论是在学校里还是在社区中，都会有乒乓球运动。

### ❖ 竞技性

乒乓球的竞技性主要是存在于一些国际级重要比赛场上，通过竞技分出高低。另外，在一些普通的企业、单位中，也可以通过乒乓球来完成这一竞技比赛。在一些小规模的比赛中，它同样十分重要。目前越来越多的比赛呈现出运动员低龄化的趋势。

## ❖ 民族性

乒乓球文化是与各民族文化相结合的，具有非常显著的民族性特征，乒乓球文化在一定程度上可以反映出一个民族的心理、发展状态、意识形态以及管理制度等。

## ❖ 市场性

乒乓球文化作为一种文化现象产生并快速发展，根本原因在于能够满足人们休闲娱乐及强身健体的需求。从经济学角度出发，乒乓球文化还具有市场性，具有经济功能。目前，在很多国家已经开始了乒乓球联赛，通过比较将本国的乒乓球市场不断推向更高的高度。乒乓球运动的市场运作模式与其他的项目联赛差不太多，主要是通过赞助、冠名等一系列措施让它发挥出应有的商业价值。其中明星代言也是一项，而且其代言收入也是不菲的。

## ❖ 观赏性

乒乓球运动具有“小、快、灵、准”的特点，高水平乒乓球比赛具有很高的观赏价值。同时乒乓球文化作为一种具体的体育运动还为人们留下了宝贵的物质遗产和精神遗产，如2005年的世界乒乓球锦标赛举办了首届乒乓球文化博物展，包括1576年在英格兰出版的乒乓游戏木刻作品、19世纪的乒乓游戏金银饰品、乒乓球珍贵图片、奖杯奖牌和著名运动员球拍以及珍贵的纪念邮票、纪念信封，与乒乓球有关的火花、烟盒等收藏品。

## 如何让乒乓球运动更加普及

在乒坛中，中国队取得的成绩几乎没有其他国家可以与之相媲美，颁奖台上空的五星红旗飘扬着中国人征服一切艰难险阻的信心和勇气，穿梭于球台前的乒乓球让世界认识了中国人的顽强拼搏和永不放弃。

这样的场面我们已经通过影像资料看到过很多了，容国团沉稳的一击让圣勃莱德杯上第一次写上了中国人的名字，他的那句“人生能有几回搏”也激励中国体育运动员取得更多的辉煌；而庄则栋先生连续三届获得世乒赛男单冠军，更是现代乒乓球史上的一个“神话”；邓亚萍、王楠在更是开创了女乒“大满贯”时代，张怡宁也将自己的名字写进了这个圈子；刘国正九死一生逆转金泽洙，孔令辉胜利后狂吻胸前的国旗……这

一幕幕场面时常让我们感动，让我们骄傲、自豪。他们都是中国乒乓球界典型的代表人物，代表着一个时代，代表着一段传奇。

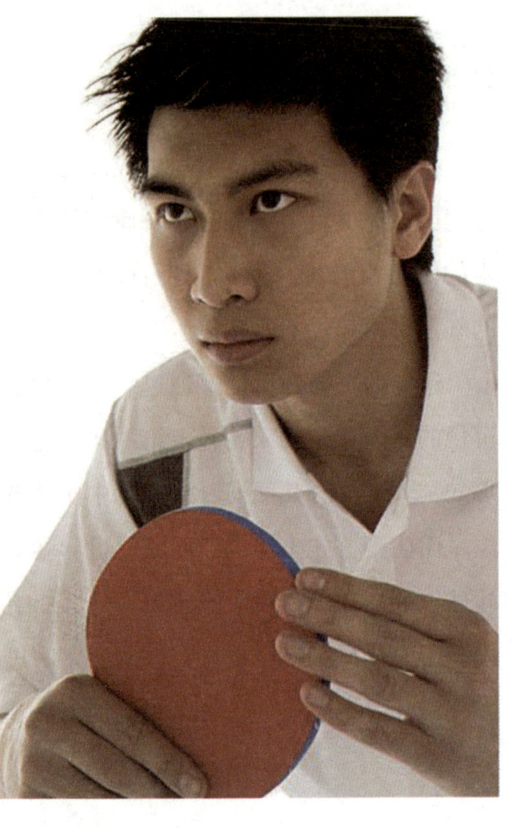

第四十八届世界乒乓球锦标赛悄无声息地落幕了，中国乒乓球队体现出了霸主风范，不仅将5块金牌尽收囊中，而且在除男双外包揽金、银牌，这样的表现不仅让国际乒联再度感到难堪：因为如果照此下去的话，乒乓球项目就会成为中国人自己的游戏。无论是11分制还是小球变大球，所有的变化规则都没能难住中国人，相反却像是在潜移默化地帮助中国人摘金夺银。看来新一轮的改规则、变政策的风暴是势在必行的了，毕竟从竞技项目长远发展考虑，中国乒乓球一枝独秀可不是什么好事，缺乏高手竞争，比赛无悬念，就会让乒乓球的整体普及受到制约。

中国乒乓球目前的一骑绝尘不知是不是世界乒坛的悲哀，也不知会不会严重影响世界乒乓球运动的发展与提高。但盲目地修改规则、改变政策，并不是最明智的选择，国际乒联不应该想如何对付中国选手，而是应该想如何普及世界的乒乓球运动。

为什么美国人的NBA娱乐性、观赏性、商业性都达到了相当的高度，除了金钱，恐怕“普及”才是硬道理吧！中国人的乒乓球水平是世界第一，但玩乒乓球的人却在减少，中国人乒坛“独孤求败”的局面能支撑多久值得我们深思。我觉得，加强年轻力量的培养，互相交流学习，才是普及的根本。

要想让乒乓球得到最多的普及，就需要调动大多数人去体验这项运动，才有可能会让所有人都喜欢这项运动。现代人们的运动观念越来越差，人们都不愿意去运动了。一些单位、集体需要有选择地去办一些乒乓球比赛，这样才会调动大家的积极性。

而且我国的乒乓球设施也不是很多，只有在学校这样的场所才会有比较正规的场地，其他的地方球台并不多，而且如果有的话，还可能是收费的，这种收费的方式其实并不利于乒乓球运动本身的发展。

## 钟爱一生乒乓球

### ❖ 典型代表人物——60年代男团代表

在1961年的北京进行的第二十六届世界乒乓球锦标赛上，由容国团、王传耀、庄则栋、李富荣和徐寅生五人组成的中国乒乓球队第一次获得了男团世界冠军，但其中的夺冠过程其实并不轻松。先开始是在半决赛里战胜世界强敌匈牙利队，一雪前耻。在其后的决赛中，徐寅生、容国团、庄则栋，极其干净利索地以5比3战胜此前已经连续获得5届冠军的日本队，一举打破了日本的美梦。并且在与日本的决赛中，徐寅生上演的 12 大板扣死星野的场面直到今天仍然是职业运动员谈论的话题。

在男单的比赛中，小将庄则栋秉承容国团的风格，为中国队获得了圣勃莱德杯。在谈到徐寅生先生的名字时，人们总是会想到他在第二十六届世乒赛的决赛中，当双方打成 1 比 1 平后的第三局时，他连续猛攻对方 12 大板，打得对手没有回旋余地，为中国队夺得男团世界冠军所立下的汗马功劳。之后的 1963 年，他又在第二十七届世界乒乓球锦标赛上，获男子双打亚军，是中国队的主力队员。1965 年在第二十八届世界乒乓球锦标赛上，他再次获得男子双打冠军，并且开始以主力队员身份获得中国男子团体冠军。

庄则栋的表现改变了一些人对于这支小球队的看法，

1961年，他成为乒乓球国家队的主力，典型的亚洲直拍快打快攻型打法让他在第二十六、二十七、二十八、三十一届的世乒赛上，成为男子团体冠军中的主力运动员，并且三次获得男子单打的世界冠军，成为中国第一个在世乒赛上荣获三连冠的运动员。

庄则栋年轻时就以其中近台两侧快攻的打法闻名乒坛，曾经三次蝉联男子单打世界冠军，几乎包揽了全国冠军、国家队内部冠军。他还是中美乒乓球外交的重要人物之一，1971年4月，在日本大阪举行的第三十一届世乒赛中，他与美国运动员科恩交流并由此引发了“乒乓外交”的佳话，从而一举打破了中美持续22年敌对僵局，也成就了中国外交史上一段传奇、一段佳话。

徐寅生运动员时号称“智多星”，善于用脑打球。1961年的第二十六届世乒赛上，他在中国队1比2落后的形势下出场对阵星野，决胜局中的最后一分以“12大板”扣死星野。退役以后，徐寅生从国家队教练到国家体委副主任，为中国乒乓球事业的发展做出了重要贡献。另外，在担

任国际乒联主席期间他积极推动了40毫米大球取代38毫米小球，使乒乓球运动在未来能出现了更大的发展空间。在1999年徐寅生主动放弃连续担任国际乒联主席一职。

郑敏之在1958年入选上海队，1960年入选国家队，作为中国队的主力队员连续参加三届世乒赛。她的横拍打削球，防守稳健，善于突击起拍。在1983年至1987年期间历任国家乒乓球队的副领队兼副总教练、国家体委训练竞赛二司的副司长，1979年当选为中国乒乓球协会的副主席。20世纪90年代回到上海，创立了敏之体育文化交流中心，主要目的是赞助青少年乒乓球比赛，“敏之杯”中小学乒乓球锦标赛从1994年举办了第一届，每年举行，已经成为上海市中小学生暑假期间的主要赛事之一。

### ❖ 典型代表人物——邓亚萍

邓亚萍，河南郑州人，1983年开始进入河南省队，1988年被选入国家队，1997年退役后进修个人学业；在其运动生

涯中，总共获得过18个世界冠军，是第一个蝉联奥运会乒乓球金牌的球手，曾获得四枚奥运金牌，被称为“乒乓皇后”，是乒坛里的“小个子巨人”，在国际上拥有较高人气。邓亚萍与前国际奥委会主席萨马兰奇的忘年交友谊曾被传为佳话。

其实邓亚萍在很小的时候就因为受当时体育教练父亲的影响，非常想做一名优秀的运动员。由于她个子比较矮，手脚粗短，体校并没有给她机会，但这没有妨碍她最终成为一名优秀的运动员。她的幼年时光是在向她的父亲学习乒乓球中度过的。邓亚萍的父亲让她每天在练完体能课之后，必须还要做100个发球接球的动作。这些规定在当时看来可能有些苛刻了，因为当时的邓亚萍只有七八岁，但这些规定却给她奠定了非常坚实的基础。为了能使自己的球技更加熟练，邓亚萍便在自己的腿上绑上了沙袋，这还不算，她更是把木拍换成了铁拍。

对一个孩子来说，这几乎很难想象，因为太难得了！这不但要使身体备受煎熬，心理方面也要承受巨大的压力。小小的她，每闪、展、腾、挪一步，都可以用举步维艰来形容！还好，这样的付出总算是得到了回报，在她坚持不断努力下，10 岁就已经在全国少年乒乓球比赛中获得团体和单打两项冠军。

没过几年，以她优秀的表现，就开始得到国家教练的青睐。进入国家队后，邓亚萍一般都是超额完成自己的训练任务，因为这已经养成了习惯，很难再改变。队里规定上午练到 11 点，她却自己延长到 11 时 45 分，下午训练到 6 点，她就多练一小时，甚至两小时。封闭训练规定练到晚上 9 点，她就练到 11 点多。几乎每天她都在比别人多付出，因为如此，邓亚萍经常是赶不

经常是赶不上饭点，当别人正在吃饭时，她还在训练。在队里练习时，她还是像以前一样，在腿上绑沙袋，面对两位男陪练的左攻右打，一打就是两小时！在进行多球训练时，教练将球像连珠炮一样打来，邓亚萍每次都是瞪大眼睛，一丝不苟地接球，一接就是1000多个。据一位教练统计，她每天的接球达到一万多个，也就是说需要不断挥一万次手臂，普通男运动员都很难想象会训练到这种程度，而作为一位女运动员，却做到了。

由于邓亚萍的运动量非常大，所以几乎每一节训练课下来，汗水都湿透了她的衣服、鞋袜，不得不换衣服、鞋袜，甚至换球台再练。出汗还是小事，由于长期从事大运动量、高强度的训练，从头到脚，邓亚萍身体在许多地方都有伤病。她患有腰肌劳损，但为了训练，她不得不系上宽宽的护腰，膝关节脂肪垫肿、踝关节几乎长满了骨刺，平时还可以忍着，如果非常厉害的话就打一针封闭。脚底磨出了血泡，就挑破它再裹上一层纱布接着练。就算是伤口感染，挤出脓血也要接着练。这种精神在当代体育中已经很少见了，在当时的社会背景下，如果想要出人头地，就需要付出比别人多得多的努力。她不但做到了，而且也得到了。

邓亚萍是世界体坛中乒乓球界的第一位集奥运会、世乒赛和世界杯三项单打冠军于一身的女运动员，作为“大满贯”运动员，她先后获得过18个世界冠军头衔，也是排名世界第一时间最长的女运动员。1992年，首次参加奥运会的邓亚萍在

决赛中战胜队友乔红夺得单打冠军。而且在双打比赛中，她和乔红在战胜队友高军和陈子荷获得冠军，这也使她成为奥运会首个乒乓球“双料冠军”。在当时的时代里，这是极为轰动的，下一届奥运会，也就是1996年亚特兰大奥运会，第二次参加奥运会的邓亚萍最终战胜代表中国台北出战的陈静，成功蝉联女单冠军。在女双比赛中，她和乔红再度联手，在决赛中战胜了队友刘伟和乔云萍，获得女双冠军。这也使邓亚萍再度成为奥运会乒乓球比赛的“双冠王”。

冠军的背后还有着很多鲜为人知的故事，这些故事中也无时不体现着邓亚萍的拼搏精神与坚强毅力。在她刚到清华大学报到时，老师让她一次写完26个英文字母。当时在别人眼中看来最简单不过的事，邓亚萍却要很艰难地写出来。为了能够赶上其他同学，邓亚萍把自己的睡眠时间压缩到最低限度，经

常学习到很晚才肯休息，有时，一边走路一边看书，就连吃饭的时间都用上了。邓亚萍不断要求自己，做作业也要和完成训练课一样，绝对是今日事今日毕，毫不含糊。她这种刻苦学习的精神，让辅导老师和学友都深表佩服。

1998 年 2 月，邓亚萍前往英国诺丁汉大学读书，邓亚萍在诺丁汉大学的语言学校开始学习英语。三个月的时间里，邓亚萍坚持每天 8 点多从自己的住所赶往学校上课。下午 3 点半下课后，她还到学院的学习中心去学习，练自己的口语，直到晚上 8 点学习中心关门后才赶回住所。

在她终于获得硕士学位后，邓亚萍又起身前往剑桥大学攻读博士学位。长时间固定姿势写稿诱发了邓亚萍的颈椎病，头不能移动，一动就疼得钻心。但是，疼痛并没有把邓亚萍征服，她咬紧牙关，以一种固定的姿势坚持查阅资料和写作。

当邓亚萍还是运动员的时候，曾经有两次当众哭泣，第一次是 1992 年的巴塞罗那，而另一次是在 1996 年的亚特兰大，

她在获得奥运会女单冠军之后流下激动的泪水。

那一年，北京申请举办奥运会，邓亚萍和杨澜等人一起成为“北京申奥的形象大使”，那个时候她正在瑞士的洛桑参加国际奥委会的会议，北京申委代表团也来到了洛桑。给邓亚萍交代的任务是负责搞好运动员委员会成员的投票工作。邓亚萍在诺丁汉大学进行完最后一科课程的考试后，第二天赶往北京，参加关于申奥评估团的相关接待工作。在送走评估团以后，她就留在了北京，继续完成大学的一些课程。

国际奥委会有这样的规定，委员不允许到申办城市进行考察，这样对申办城市北京来说就很不利，因为很多人根本没来过北京，也就不了解北京。邓亚萍说，运动员委员会的这些人中，只有几个人来过中国，波波夫先生最近来中国是在 1999 年，还是去上海，那已经是近十年前的事情；“我有比较好的条件，这四五年，我和运委会的委员们相处得都很好，大家也都曾经是运动员，又是年轻人，所以比较好沟通。”邓亚萍说。她事先和在欧洲的所有委员们几乎都联系了一遍，问他们是否能有时间在他们所居住的城市进行会面，然后根据预约时间开始行动。到瑞典见哈萨克斯坦的委员，到卢森堡会见卢森堡的大公，到意大利会见两个有名的运动员委员。为了会见美国的鲍伯，邓亚萍曾经在三天时间里从北京去洛杉矶再回来，来了一个往返。短时间内来回一个地方虽然十分辛苦，但邓亚萍并不觉得累，反而觉得很值，她在向这些人讲述关于北京的现状时总是充满激情与渴望，北京已经与他们印象里的那个城市截然不同。她告诉他们，我们的政府与人民都非常想举办此次奥运会，对运动员们来讲，那将肯定是一届特殊的奥运会。

### ❖ 典型代表人物——孔令辉

孔令辉很小的时候就已经开始打球了，早在 1986 年就已

经进入黑龙江省队，1988年进入国青队，1991年入选国家队。在多年以前，他在国际乒联的世界男单排名中就位于前列，是世界杯和世锦赛以及奥运会的冠军得主。

孔令辉可以称得上是中国乒乓球界的一座里程碑。他获得了中国历史上的第一个横板进攻打法型的男单冠军，和刘国梁一起展现了中国男子乒坛“双子星时代”，他们总共获得过11个世界冠军。这些成绩在之前是绝无仅有的，让世界为之关注，从那时起，世界冠军没有旁落。

在1995年的第四十三届世乒赛上，年仅20岁出头的孔令辉获得男单冠军，登上了职业生涯巅峰。在这之后的五年里，孔令辉与刘国梁两人配合，不仅在团体赛上频频立功，而且在单打角逐中各守着半区，最重要的是在双打项目中非常好的配合，成为当时世界乒坛黄金搭档，在2000年的悉尼奥运会上，孔令辉在决赛中打败瓦尔德内尔，获得男子单打金牌，而且与

刘国梁合作获得男双银牌，再一次站在事业的最高点。这些成绩只是一个个的瞬间，更多的成绩还是在场下，无论是对于中国乒乓球成绩的取得，还是对于新人的传授，可以说都算是一个楷模。

与刘国梁相比，孔令辉的技术更加全面，临场发挥也相对稳定一些。这主要取决于他的性格。2006 年 10 月 12 日孔令辉宣布退役。随着从运动员到教练员的角色转型，这位曾经的乒坛名将正逐步向教练转变。

12 年里，“乒坛王子”“偶像”这些头衔虽然加在孔令辉的头上，但只有他知道过程中的艰辛。从初出茅庐到一鸣惊人，再到从天而降的一次大失败，在退役之后，他成为教练，以这样的身份重新回到了大众视野，“孔门”新兴乒乓球的频繁词汇，被媒体所用。在这个时代里，即使是不再比赛，又拿起教鞭，孔令辉，他依然是中国乃至世界上最具影响力的乒坛体育明星之一。

### ❖ 典型代表人物——刘国梁

1996年奥运会上获男双(与孔令辉)、男单双料冠军，还是中国第一位世乒赛、世界杯和奥运会“大满贯”获得者，1996年世界杯后在国际乒联排名榜上跃居首位，2002年退役担任中国乒乓球队教练。2003年6月23日出任中国国家乒乓球队男队主教练，2004年3月7日，

率领中国男子乒乓球队获得第四十七届世乒赛男团冠军。1992年亚洲杯男团、混双冠军，亚锦赛男团、混双冠军以来，刘国梁取得的成绩大家从一些网站上都可以搜得到，就不在这里一一罗列了。但他的成绩确实可以用“伟大”来形容。

当运动员时，他是中国第一个夺得大满贯的男子乒乓球世界冠军；当教练后，他以27岁的年龄成为国乒男队史上最年轻的教练。2008年8月，他率领的中国男乒以全胜的优异战绩摘取奥运会首枚团体金牌，他从此成为“全满贯”教练。他就

是刘国梁，这个人称“智多星”的少帅。

当然每个人的人生都不是一帆风顺的，刘国梁的职业生涯也是如此，在亚特兰大奥运会后，刘国梁又在随后的世界杯和世乒赛上夺冠，成为中国第一个男子乒乓球大满贯得主。然而，在1999年的荷兰世乒赛中，刘国梁被查出表睾超标，而这种成分的超标有时跟体质有很大关系。由于在前一天还跟孔令辉一起获得男双冠军后的尿检都显示正常，所以他并没有太在意。

但不久之后，当刘国梁参加完奥地利公开赛后，国际乒联的人找到他，希望对他进行三次随机抽检，如果三次抽检中有两次“超标”，就认定他是体质问题，有三次就是服用了“兴奋剂”。这是一个很严格的测试，对于刘国梁来说，需要承受巨大的身体压力与心理压力，这段时间是他最难过的时光。

“我那时候能做的就是白天训练，训练完了就等着检查，如果晚上 9 点之后他们还没有来，才敢喝水。”刘国梁说，那是自己最痛苦的一段时间，他得记清楚前一天吃了什么东西，睡了多长时间，训练多长时间，练到什么程度……一切都要恢复到相同的状态，才可能得出相同的尿检结果。他每天强迫自己大运动量训练，出很多汗又不敢随便喝水。

2000年4月，所谓的“兴奋剂事件”总算得以澄清，但刘国梁的事业却从巅峰直落低谷。虽然在2000年悉尼奥运会前他削发立志“从头开始”，但光头刘国梁最终还是未能完成人们期望的奥运会夺金重任。又经过了许多年，刘国梁才在2008年拿到世锦赛的冠军。不过此时，刘国梁决定退役，步入教练生涯。

前面过去的都将会成为历史，前面的路如何还要看中国新的乒乓力量，相信在这些世界顶级教练的带领下，中国的乒乓之路会走得更远、走得更强。

第五章

# 量身定做的乒乓球课程

## 课程的性质

如果想让自己的乒乓球技术有一个专业提升的话，就必须参加一些专业的课程，通过专业教练的指导，才能获得更大的进步。乒乓球课程是体育课程的子课程之一。乒乓球运动简单来说是由两名或两对选手分别站在球台的两端，在球台中间隔放一个球网的球台上，用手中的球拍把对方打过来的击中本方球台的球，还击到对方的隔网对抗性运动项目。通过乒乓球课程的教学，不仅可以提高球员的身体素质，改善心血管系统和呼吸系统的功能，而且还能增强神经系统灵活性，提高球员的心理素质。

## 课程的目的

首先要明确我们要参加的这些乒乓球课程的目的是什么。只有抱着明确的目的去学习，去练习，才能得到好的结果。

通过对本课程学习可以使球员对世界乒乓球运动和我国乒乓球运动发展的历史、现状有一个整体而全面的认识。

通过对乒乓球技、战术的学习以及对乒乓球竞赛规则的理解与掌握，有助于球员正确了解乒乓球运动的发展规律，提高欣赏高水平乒乓球比赛的能力。

通过对本课程的学习可以激发球员对乒乓球运动的热爱，使乒乓球运动成为球员日常锻炼身体的一种重要手段，促进球

员身心的全面发展，加强球员的社会适应能力。对于社会的乒乓球运动的普及也有着极强的现实意义。

## 课程的任务

使球员能够在一定程度上掌握乒乓球运动最基本的理论知识；掌握乒乓球运动最基本的专项运动技能；增强球员对乒乓球运动的兴趣，学会利用乒乓球技能进行身体锻炼的方法，培养球员自我锻炼能力，提高身体素质，增进身心健康，为从事体育运动打下良好基础；培养球员的勇敢顽强，机智果断，沉着冷静等优良品质。

## 教学方法

### ❖ 讲练结合

在教授学生新教材中，采用的教法很多。本教法则采用的是先统一集中讲解并示范技术，再进行集体统一模仿练习，同时教师随时进行统一或个别纠正动作，最后学生再分组进行完整练习。

### ❖ 自主练习

乒乓球技术的掌握是靠反复练习来实现的。乒乓球的练习方法有多种，这里只提示一些启蒙初学阶段建立基本动作的练习内容和上课练习的方法及手段。

1. 熟悉球性

托球、打吊球、对墙击球、双人对击球。

2. 模仿练习

直觉模仿、镜面模仿、想象模仿、步法模仿、手步法结合模仿。

3. 多球练习

把手练习、自抛自打、供球练习、一板球练习。

4. 基本动作练习

预备姿势、基本站位、发球练习、推挡球练习、正手攻球练习、基本击球线路练习。

乒乓球的教学手段也并不是一成不变的，而是根据球员的水平与设施的完善程度而设定的。在课程中，只有按照要求去做、去练习，最终才有可能取得比较良好的效果。学习阶段，一定不要太急躁，否则将一事无成。另外，课程只是教会学员如何去了解这项运动，更多的还是需要通过相互之间的切磋、比赛来提高自己的技术，同时锻炼自己的心态与意志。乒乓球运动是一项非常好的运动，值得推广与普及。要让课程惠及更多的人群，只要是有兴趣，都可以参加这样的课程，让中国人都会打乒乓球，让中国真正成为乒乓球大国。在提高乒乓球技术的同时，也提高了全民的身体素质。